El secreto del molino

por María Danader

Todos los derechos reservados. Bajo licencia Safe Creative. Esta publicación no puede ser reproducida, distribuida o transmitida en forma alguna o por cualquier medio, incluido fotocopias, o cualquier medio electrónico o mecánico sin el permiso del escritor o del editor, ya sea en parte o en su totalidad. Todas las historias son ficción y cualquier parecido con la realidad es pura coincidencia.

ÍNDICE

Introducción _____ 7

    Método _____ 8

Capítulo uno _____ 11

    Resumen capítulo uno _____ 17
    Chapter one summary _____ 17

Capítulo dos _____ 19

    Resumen capítulo dos _____ 23
    Chapter two summary _____ 23

Capítulo tres _____ 25

    Resumen capítulo tres _____ 31
    Chapter three summary _____ 31

Capítulo cuatro _____ 33

    Resumen capítulo cuatro _____ 37
    Chapter four summary _____ 37

Capítulo cinco _____ 39

    Resumen capítulo cinco _____ 45
    Chapter five summary _____ 45

Capítulo seis _____ 47

    Resumen capítulo seis _____ 51
    Chapter six summary _____ 51

Capítulo siete _____ 53

    Resumen capítulo siete _____ 57
    Chapter seven summary _____ 57

Capítulo ocho _____ 59

    Resumen capítulo ocho _____ 63
    Chapter eight summary _____ 63

Capítulo nueve _____ 65

    Resumen capítulo nueve _____ 69
    Chapter nine summary _____ 69

Capítulo diez _____ 71

    Resumen capítulo diez _____ 73
    Chapter ten summary _____ 73

Capítulo once _____ 75

    Resumen capítulo once _____ 79
    Chapter eleven summary _____ 79

Capítulo doce _____ 81

    Resumen capítulo doce _____ 83
    Chapter twelve summary _____ 83

Capítulo trece _____ 85

    Resumen capítulo trece _____ 91
    Chapter thirteen summary _____ 91

Capítulo catorce _____ 93

    Resumen del capítulo catorce _____ 95
    Chapter fourteen summary _____ 95

Capítulo quince _____ 97

    Resumen del capítulo quince _____ 101
    Chapter fiveteen summary _____ 101

Capítulo dieciséis _____ 103

    Resumen del capítulo dieciséis _____ 107
    Chapter sixteen summary _____ 107

Vocabulario _____ 111

Léxico y gramática _____ 153

Expresiones idiomáticas _____ 181

Frases habituales _____ 183

Ejercicios de comprensión lectora _____ 185

    Soluciones _____ 199

Link audio _____ 201

Notas _____ 203

Otros títulos de la colección
publicados hasta la fecha _____ 205

INTRODUCTION

This book belongs to the ***IMPROVE SPANISH READING*** series specially written for those people who want to improve their Spanish level and vocabulary in a fun and entertaining way. Each book highlights every level's contents, from beginner to expert.

The stories are thought for people who are tired of reading books in Spanish without understanding them. Due to that, we have used a learning method based on the natural daily dialogues and expressions that, thanks to the summaries of each chapter, vocabulary index and the approach to the Spanish idiomatic culture, will get your Spanish to be more fluent.

At the end of the book you will find a downloadable audio link. Each story is recorded by a native Spanish speaker. With this audio, you can learn how to pronounce Spanish words properly while reading the novel.

The more advanced learning methods affirm that the most natural way of learning a language is close to the way children do. To that effect, these stories turn out to be perfect. It is not about understanding every word we are reading. It is not a reading and translating job. The real way of learning a language is understanding the context. We must be able to create an approximate idea of what the story is telling us, so later we can learn the vocabulary that will help us to find the needed words to express ourselves.

How do we use this learning method?

It is recommended to do a previous reading of the vocabulary before plunging oneself into the story, although this is not absolutely needed.

First of all, we will do a complete reading of each chapter. It does not matter if we do not understand everything we read; at the end of each chapter we will find a summary in Spanish and in English that will allow us to understand better what we have formerly read. If our comprehension has been good, we will continue with the next chapter; if it has not, we should read it again and check that now we understand the context better.

At the end of the reading we should do the comprehension activities that we can find at the end of the book.

We can play the audio while reading the book to improve our pronunciation or try to listen to the audio without reading the book and check if we understand everything. Either way, we will improve our Spanish language.

Throughout the stories we will find repeated topics, like greetings, meals, clothes, conversations in hotels and restaurants, addresses and descriptions of people that will help us interiorizing concrete and specific structures. These structures will be the base of the language knowledge in real situations.

EL SECRETO DEL MOLINO

(Por María Danader)

Capítulo uno

Amelia Plin era una persona con suerte. Un día encontró un anuncio que le cambió la vida.

Hasta entonces, Amelia había trabajado como contable en una librería muy importante. *«Palacios»* era la tienda de libros más grande de la ciudad. Estaba situada en el centro de Toledo y ocupaba dos pisos de un edificio antiguo. En las estanterías de la librería había todo tipo de libros: novelas, cuentos infantiles, coleccionables de cocina, atlas, enciclopedias, diccionarios, compendios de medicina, incluso había una sección de libros antiguos y descatalogados.

Cualquier libro podía encontrarse en aquella librería maravillosa. Cuando había mucho trabajo, su jefe le pedía que atendiera a los clientes. Poco a poco, el trato con los clientes le ayudó a desarrollar su capacidad de observación. Amelia intuía, por la forma de vestir, por la forma de caminar, por la forma de hablar, qué quería leer cada persona. Cuando en la librería había poco trabajo, Amelia Plin se dedicaba a leer. Sus libros preferidos eran los de aventuras.

El martes veintiuno de febrero del año 1995, Amelia Plin volvía del trabajo hacia su casa. Eran las dos del medio día y hacía frío, mucho frío. Normalmente, ella volvía a casa en autobús, pero ese día decidió caminar, pese a las bajas temperaturas. Amelia quería pensar, necesitaba ordenar sus pensamientos. Hacía tres meses que se aburría mucho en el trabajo. Necesitaba un cambio en su vida. A sus treinta años aún era joven para buscar otro empleo, o incluso para mudarse a otra ciudad. Tenía muchas ganas de vivir las mismas aventuras que leía en los libros.

Cuando llegó al portal de su casa, saludó a Valentina, que en ese momento salía del edificio. Valentina era su vecina del segundo derecha, una anciana adorable, que **hablaba por los codos** y tenía una tortuga. Solía llevar al animal en el bolso, con la cabeza afuera. Amelia sabía que Valentina era una mujer rara, algo excéntrica y no le sorprendió ver que, ese martes de febrero, la tortuga llevaba un gorro de lana. Valentina vestía con pantalones de terciopelo marrón y un largo abrigo azul. Además de excéntrica, Valentina era una mujer entrañable que solía cocinar para Amelia magdalenas y algún caldo para sopa. La anciana trataba a Amelia como a una hija.

Amelia: buenas tardes, doña Valentina. ¿Dónde va a estas horas? ¿No se echa la siesta hoy?

Valentina: buenas tardes, Amelia. Voy a visitar a mi hermana Marisa y a llevarle unos bombones, ya sabes que está recién operada y necesita cariños.

Amelia: muy bien, que tenga buena tarde.

Valentina: querida Amelia, ¿qué te pasa? Te veo preocupada.

Amelia: nada, no se preocupe, estoy cansada, eso es todo.

Valentina: ya sabes que puedes contarme cualquier problema que tengas, ¿verdad?

Amelia: claro que sí, Valentina. Ande, dese prisa o perderá el autobús. Hasta luego.

Valentina: hasta luego.

Valentina era muy intuitiva, por lo que a Amelia no le sorprendió el hecho de que se hubiera dado cuenta de su malestar y preocupación.

Amelia pasó al interior del edifico y, tras encender la luz del rellano, recogió del buzón varias cartas y un papel de propaganda. El papel era uno de esos anuncios que algún comercial deja en el buzón, y que nadie suele leer.

"¿Te apasiona la aventura?

¿Eres una persona observadora?

¿Te gusta la investigación?

No lo dudes más: ven a vernos.

Tenemos un caso para ti.

Escuela de detectives Buenavista.

Teléfono 45443.

Llámanos. Te esperamos."

A pesar de que el folleto era de lo más normal: blanco, con las letras en color granate, escritas en cursiva, y el dibujo de una lupa en la parte izquierda del folleto, algo llamó la atención de Amelia en aquel trozo de papel.

Quizás encontró la solución a su aburrimiento, la respuesta a sus dudas laborales. Amelia miró el anuncio durante varios minutos. Lo leyó una primera vez mientras subía en el ascensor y una segunda y una tercera ya en su casa. Luego, lo dejó sobre la mesa del salón.

Su perro Mimi, un *beagle* inglés, movía el rabo y ladraba de felicidad al ver a su dueña. Mimi era un perro muy cariñoso, inteligente y astuto. Amelia se sentó en el suelo y comenzó a jugar con Mimi. Le acarició su precioso pelo de tres colores: negro, marrón y blanco. Amelia adoraba a su perro.

A Amelia no le cabía ninguna duda de que los perros eran los mejores amigos de los humanos. Mimi le hacía mucha compañía. Amelia Plin era una mujer reservada, aunque era buena confidente. Tenía una buena amiga de la infancia con la que quedaba de vez en cuando a tomar un café y se llamaban por teléfono. Salvo esa amiga de la infancia, Valentina y un hombre que conoció en el parque, no tenía más vida social. Su familia vivía en Madrid y se reunían solo en fechas señaladas: algún cumpleaños, Navidades, Año Nuevo y poco más. Aunque a Amelia Plin le gustaba la soledad, en esos momentos de dudas, echó de menos poder hablar con alguien de sus preocupaciones. Cierto era que podía contarle a Valentina su desgana en el trabajo, pero esos días la anciana solo tenía tiempo para su hermana.

Resumen del capítulo uno

Amelia tenía treinta años y quería cambiar de trabajo porque se aburría. Un día encontró en el buzón el anuncio de una escuela de detectives. Amelia guardó el papel, ya que pensó que podía ser la solución a su hastío laboral. Amelia vivía en Toledo, con su perro. Su familia vivía en Madrid y se veían poco. Tenía poca vida social: una vecina, una amiga de la infancia y un hombre que conoció en el parque.

Su vecina Valentina, una anciana muy intuitiva, era como una madre para ella, pero Amelia no le quería contar nada de su situación laboral porque esos días, Valentina estaba preocupada por su hermana, recién operada.

Chapter one summary

Amelia was thirty years old and wanted to change her job because she was bored of it. One day, she found an advertisement of a detective school in the mailbox. Amelia kept the paper, because she thought that it could be the solution to her work boredom. Amelia lived in Toledo, with her dog. Her family lived in Madrid and they didn´t see each other very much. She had little social life: a neighbor, a friend from childhood and a man who she met in the park.

Her neighbor Valentina, a very intuitive old woman, was like a mother to her, but Amelia did not want to tell her anything about her work situation because those days, Valentina was worried about her sister, who had surgey.

Capítulo dos

A la mañana siguiente, miércoles, veintidós de febrero, la ciudad estaba llena de nieve. El barrio judío donde vivía era como una pista de esquí. Los montones de nieve se acumulaban en las puertas y varios operarios del ayuntamiento se daban prisa en quitar la nieve con unas palas. Más de media ciudad se quedó ese día en casa, atrapados por la nevada.

Amelia Plin se preparó el desayuno: un café con leche y dos tostadas con mermelada de fresa. Muchos copos de nieve caían desde el cielo y Amelia los miraba, a través de la ventana, mientras desayunaba. Toledo nevado era precioso. Pensó que ese día le vendría muy bien para llamar por teléfono a la escuela de detectives *Buenavista*. Sí, lo tenía decidido: iba a probar suerte.

Amelia marcó el cuatro, cinco, cuatro, cuatro, tres, y esperó los tonos de la línea. Pronto, alguien levantó el auricular.

Escuela Buenavista: buenos días, está usted hablando con Arturo Buenavista, ¿en qué puedo ayudarle?

Amelia: buenos días, mi nombre es Amelia. Le llamo por el anuncio.

Escuela Buenavista: ¿se refiere al anuncio de la escuela? ¿Está usted interesada en formarse como detective?

Amelia: sí, ese anuncio. Lo encontré ayer en mi buzón. Quería información sobre las clases. ¿Me podría comentar en qué consisten sus cursos?

Escuela Buenavista: verá Amelia…

Amelia: puedes tratarme de tú, si quieres.

Escuela Buenavista: verás Amelia, lo primero que necesitamos es saber si serías una buena candidata para ser detective. Lo que hacemos es concertar una cita con los futuros estudiantes. Les hacemos una entrevista y, solo si dan el perfil como detectives, es decir, solo si cumplen una serie de requisitos les damos formación.

Amelia: entiendo. ¿Cuál es el precio del curso?

Escuela Buenavista: es un curso intensivo. La cuota es de veinticinco mil pesetas*. No están incluidos los libros ni el material. Los alumnos deben resolver un caso para graduarse. Añadir, Amelia, que todos los alumnos que se graduaron en nuestra escuela han trabajado en menos de medio año. Es una profesión con mucha demanda.

(* La anterior moneda en España era la peseta. El euro entró en vigor en el año 2002)

Amelia: me parece bien. ¿Cuándo podemos tener la entrevista?

Escuela Buenavista: ¿te va bien mañana, a las siete, en la cafetería La Nube?

Amelia: bien, sí, mañana a las siete. Ahora no recuerdo dónde está la cafetería La Nube. ¿Me podrías indicar dónde está?

Escuela Buenavista: está en la calle Alameda número siete.

Amelia: no conozco esa calle, pero la buscaré. Otra cosa… ¿Cómo te reconoceré?

Escuela Buenavista: buena pregunta, Amelia. No te preocupes por eso, para mí no será difícil reconocerte. Por algo soy profesor en la escuela de detectives, ¿no crees?

Amelia: sí, claro, claro. Entonces, hasta mañana a las siete.

Escuela Buenavista: hasta mañana, Amelia.

Cuando Amelia colgó, se sintió feliz: la llamada, la cita de mañana, todo era emocionante. El resto del día lo ocupó en pensar cómo iba a cambiar su vida si la admitían en la escuela de detectives. Por la noche, de la emoción, no podía dormir y Amelia pasó ***la noche en blanco***.

Resumen del capítulo dos

Amelia llamó por teléfono a la escuela de detectives *Buenavista*. Arturo le atendió y le dijo que necesitarían concertar una entrevista para saber si Amelia tenía cualidades detectivescas. También le dio explicaciones acerca del precio y duración del curso, así como la necesidad de realizar un trabajo final para graduarse.

Amelia y Arturo quedaron para el día siguiente en la cafetería La Nube, a las siete. Amelia estaba muy emocionada y esa noche no pudo dormir.

Chapter two summary

Amelia called the Buenavista detective school by phone. Arturo answered and told her that they would need to arrange an interview to see if Amelia had detective qualities. He also gave her explanations about the price and duration of the course, as well as the need to do a final work to graduate.

Amelia and Arturo agreed to meet the next day at La Nube cafeteria, at seven o´clock. Amelia was very excited and that night she could not sleep.

Capítulo tres

Amelia buscó la calle Alameda en un plano de la ciudad y empezó a caminar. Cuando estaba ya cerca, se sintió algo desorientada y preguntó a un guardia.

Amelia: disculpe, estoy buscando la calle Alameda, ¿me podría indicar dónde está?

Guardia: claro, sigue recto por esta misma calle y al llegar a la segunda bocacalle, gira hacia la derecha. Camina unos cien metros hasta llegar a una plaza. Allí verás la estatua de Don Quijote, y a su izquierda, está la calle Alameda.

Amelia: no sé si le he entendido bien. Entonces, ¿a mano izquierda de la estatua se encuentra la calle Alameda?

Guardia: sí, así es, no tiene pérdida.

Amelia: muchas gracias, agente.

Guardia: de nada, que tengas una buena tarde.

Amelia: igualmente.

Amelia siguió las indicaciones que el guardia le dio y pronto llegó hasta su destino.

Al empujar la puerta de la cafetería La Nube, una campanilla sonó y varias personas miraron a Amelia. Ella no se dio mucha cuenta, pues, en ese momento, no veía nada: sus gafas estaban empañadas como resultado del cambio de temperatura. Cuando limpió sus lentes, se dirigió hacia la barra. Eran las seis y media. Había llegado pronto con la intención de comprobar si ella también era capaz de reconocer a Arturo, el desconocido de la escuela de detectives.

La cafetería La Nube era un local pequeño, de estilo rústico, decorado con mucho gusto. Las paredes estaban forradas de madera pintada de azul y las baldosas del suelo eran de color verde. Las lámparas colgaban del techo y tenían forma de gota. Daba la sensación, realmente, de estar en una nube. El local tenía unas siete mesas redondas con un mantel color marfil. En el centro de cada mesa una vela aromática llenaba el ambiente de un intenso olor a menta. Solo dos de esas mesas estaban junto a los dos únicos ventanales. Amelia se sintió muy a gusto en el local.

Camarero: buenas, ¿qué desea tomar? Tenemos chocolate caliente y churros recién hechos.

Amelia: buenas tardes, un café con leche, por favor. Aunque se me **hace la boca agua** de solo pensar en ese chocolate, ¡qué rico!

Camarero: ¿quiere azúcar o sacarina con el café?

Amelia: ¿tiene azúcar moreno?

Camarero: sí, claro. Marchando un café con leche con azúcar moreno.

Mientras el camarero preparaba el café, Amelia observaba a la gente. En una de las mesas una mujer rubia, que vestía con una falda y una americana gris, leía el periódico mientras tomaba un chocolate caliente. A su derecha, una pareja conversaba animadamente. En otra mesa, más alejada, junto a la máquina de tabaco, un joven escribía algo en una libreta. Amelia calculó que el chico tenía unos veintidós o veintitrés años. En su mesa, había restos de su consumición: un bocadillo y un refresco. El joven iba vestido con un jersey azul marino, unos vaqueros y unos zapatos de piel. Sobre una de las sillas, había una cazadora vaquera y una bufanda de cuadros.

—¿Sería Arturo, el profesor de la escuela de detectives? —se preguntó Amelia en voz baja.

Amelia salió de dudas cuando alguien tocó su hombro. Ella se asustó y dio un bote en el asiento. Cuando giró la cabeza, Amelia se encontró con un hombre alto, moreno y de complexión fuerte. Iba vestido de negro, camisa y pantalón, y tenía una cicatriz en la mejilla derecha. Amelia, al ver la cicatriz, pensó en una pelea, en una navaja, en sangre. La voz del hombre sonó grave.

27

Arturo: buenas tardes, Amelia. Soy Arturo, el profesor de la escuela de detectives.

Amelia: buenas tardes, Arturo.

Arturo: ¿te parece que nos sentemos en una mesa para estar más cómodos?

Amelia: sí, por supuesto. Camarero, póngame otro café con leche. ¿Quieres tomar algo, Arturo?

Arturo: sí, yo tomaré una cerveza, gracias.

Amelia no había visto entrar a Arturo en la cafetería La Nube, y eso le extrañó. Tal vez estaba en el servicio, pensó. Qué raro. No le dio más importancia y siguió a Arturo hasta una mesa libre. Cuando ambos se sentaron, Arturo miró hacia los lados, como asegurándose de que nadie estaba lo suficientemente cerca como para oír la conversación que iba a tener con Amelia. Se acomodó y puso los codos en la mesa, doblando los brazos.

—Muy bien, Amelia, aquí estamos —dijo Arturo mientras le miraba fijamente—. Ahora voy a hacerte unas preguntas, ya sabes, para saber si das el perfil como detective. Quiero que seas sincera. Comprende que nuestro trabajo es muy serio, están en juego muchas cosas.

—Claro —asintió Amelia—, pero antes yo tengo una pregunta para ti, si me permites hacértela.

—La curiosidad es muy importante en este oficio, así que te felicito. Pero aún es más importante la prudencia. No todo lo que uno quiere saber lo debe averiguar haciendo preguntas directas. Ya sabes el dicho *"al gato mata la curiosidad"* —respondió Arturo, mientras sonreía.

Aún así, Amelia se lanzó a hacer la pregunta. Le podían las ganas de saber cómo le había reconocido Arturo. Por qué no podía ser la chica que leía el periódico en la mesa, la que vestía con una falda y una americana color gris. Y por qué ella no le vio entrar en el local si no había quitado ojo de la puerta.

Arturo rió, —Amelia, además de profesor en la escuela, soy el dueño de esta cafetería y conozco a cada uno de mis clientes. No me viste entrar porque, obviamente, ya estaba dentro. Estaba en la trastienda y miraba la cámara de seguridad. Solo tuve que esperar a que entrara alguien nuevo. Tengo comprobado que a esta hora, siempre están los mismos clientes en la cafetería. Aprende una cosa: las personas somos animales de costumbres. Rara vez, si no hay un motivo, las personas variamos nuestras rutinas.

—Y dime, Amelia— prosiguió Arturo—, ¿cuál es tu motivo, tu razón para cambiar de rutina?, ¿por qué quieres ser detective?

Amelia sintió que las respuestas a esas preguntas iban a ser decisivas. La motivación que ella pudiera tener, le haría intentar ser una buena detective o por el contrario ser una profesional mediocre. Recorrió la cafetería con la mirada, la mujer que leía el periódico se había ido y no había nadie más en la cafetería.

Amelia Plin sintió miedo. Pensó que estaba frente a un desconocido, un hombre vestido de negro con una cicatriz en la cara. Pero lo que más miedo le daba era enfrentarse a sus motivos, a sus porqués.

Resumen del capítulo tres

Amelia, tras consultar un callejero y preguntar a un guardia, llegó pronto a la cafetería La Nube. Quería saber si ella sería capaz de descubrir quién era Arturo. Pidió un café con leche y esperó. Un hombre con una cicatriz en la cara, vestido de negro se identificó como Arturo. Ella se sorprendió de no haberlo visto entrar y él le explicó que además de profesor en la escuela de detectives era el dueño de la cafetería y la había visto entrar por la cámara de seguridad.

Ambos se dirigieron hacia una mesa vacía para tener la entrevista. Arturo le preguntó por qué quería ser detective. Amelia intuía que la respuesta a esa pregunta era decisiva. Tuvo miedo de estar frente a un desconocido, pero más miedo le daba enfrentarse a sus motivos.

Chapter three summary

Amelia, after consulting a street map and asking a bodyguard, arrived soon at La Nube cafeteria. She wanted to know if she would be able to find out who Arturo was. She ordered a latte and waited. A man with a scar on his face, dressed in black identified himself as

Arturo. She was surprised she had not seen him come in and he explained that besides being a teacher at the detective school he was the owner of the cafeteria and had seen her enter by the security camera.

They both went to an empty table to have the interview. Arturo asked her why she wanted to be a detective. Amelia sensed that the answer to that question was decisive. She was afraid to be in front of a stranger, but more fear gave her to face her motives.

Capítulo cuatro

Amelia dio un pequeño sorbo a su café, dejó la taza en la mesa y se enfrentó a las preguntas de Arturo.

—Siempre pensé que la seguridad de un empleo como el mío, soy contable en una librería de éxito, tener una casa, un perro al que adoro y una rutina eran cosas que me harían feliz. Puedo viajar, conocer lugares lejanos, comprarme lo que quiera. No me privo de nada, la verdad. Mi vida es cómoda. Pero algo dentro de mí me dice que tengo que cambiar de trabajo, que debo realizar mi verdadera vocación. Siempre me gustó la investigación, conocer los motivos ocultos de las cosas, observar a la gente, el misterio. Tengo que hacer algo con lo que pase las horas de trabajo sin mirar el reloj, sintiendo que es mi verdadero quehacer, mi vocación. Creo que sería una buena detective— dijo Amelia muy emocionada y con lágrimas en los ojos.

—Lo que dices es bastante sincero, Amelia. Solo por eso te mereces estar admitida. Pero dime ¿estás dispuesta a mantener en secreto este oficio? Hay algo que debes saber: si deseas ser detective, una buena detective, nadie debe saber a qué te dedicas. En muchas ocasiones, deberás buscar una coartada. Inventar un oficio. Como eres una persona solitaria, sin muchos amigos, eso no va resultar un gran esfuerzo ¿verdad? —dijo Arturo mirándola fijamente.

33

—¿Cómo sabes que no cuento con muchos amigos? —exclamó Amelia, sorprendida.

—Intuición. Recuerda que soy detective —dijo Arturo mientras le guiñaba un ojo.

—Ahora, si no te importa, debes rellenar este formulario. Es un mero trámite para mis archivos. No hace falta que adjuntes una foto, prefiero que nadie os ponga cara, ya sabes, por seguridad. Aunque los guardo en una caja fuerte, bajo una combinación de números que solo yo y otra persona conocemos. Más vale ser precavido, ¿no crees? —la informó Arturo.

—Por supuesto, Arturo, entonces, ¿esto significa que estoy admitida? —dijo Amelia mientras guardaba el formulario en su bolso.

—Así es. Tu entusiasmo me ha convencido. Sé que harás todo lo posible por hacer un estupendo trabajo en cualquier caso que lleves. Desde hoy perteneces a nuestra escuela de detectives. Pero no olvides el formulario, debes traerlo mañana, pasado mañana como muy tarde. Puedes entregar el documento al camarero, dentro de un sobre cerrado y él me lo entregará a mí. Después, espera mis instrucciones —insistió Arturo.

—¡Qué emocionante! —exclamó Amelia—, estoy muy contenta, Arturo.

—Me alegro de que empieces el curso con tanta felicidad. Si me permites, te voy a dar un consejo: confía en ti, eso es algo que debes hacer siempre si quieres triunfar. Y en mí, por supuesto. A partir de hoy, ***anda con cien ojos*** —le advirtió Arturo medio en broma, medio en serio.

Ambos rieron y se despidieron con un apretón de manos. Amelia volvió a casa con una sonrisa en la cara.

Resumen del capítulo cuatro

Amelia, muy emocionada, le confesó a Arturo que necesitaba realizar su verdadera vocación: ser detective. Arturo le dijo que no debería decirle a nadie que era detective. También le confirmó que estaba admitida porque tenía mucho entusiasmo. Le entregó un formulario para que Amelia completara en casa. Amelia debería entregar el formulario al camarero de la cafetería. Arturo le dio el consejo de que para triunfar debe confiar en sí misma.

Amelia se marchó a casa muy contenta.

Chapter four summary

Amelia, very excited, confessed to Arturo that she needed to realize her true vocation: to be detective. Arturo told her she should not tell anyone that she was a detective. He also confirmed that she was admitted because she was very enthusiastic. He handed her a form for Amelia to complete at home. Amelia should hand the form to the waiter in the cafeteria. Arturo gave the advice that in order to succeed she must trust in herself.

Amelia went home very happy.

Capítulo cinco

Al llegar a casa, Amelia sacó a Mimi a pasear. Estaba tan feliz que jugó con su perro y una pelota durante más de una hora, sin sentir el frío.

Esa misma noche, Amelia rellenó el formulario. No entendía por qué debía responder algunas preguntas, pero debía entregarlo pronto y debía confiar en Arturo.

—Para aprender hay que confiar en el maestro —se dijo.

Escuela de detectives Buenavista
Documento de ingreso. Confidencial

Nombre: Amelia.

Apellidos: Plin Ro.

Fecha de nacimiento: 7 de enero de 1965.

Teléfono de contacto: 32156.

Estado civil: soltera.

Sexo: femenino.

Estudios: graduada en Ciencias Económicas y Empresariales.

Profesión: contable.

Color preferido: azul.

Película favorita: "Casablanca".

Libro preferido:"Orgullo y prejuicio" de Jane Austen.

Idiomas: inglés, francés y español.

Aficiones: leer, ir al cine, jardinería.

¿Cuál es el viaje de tus sueños?: dar la vuelta al mundo.

¿Con qué frecuencia haces deporte?: una vez a la semana salgo a correr con mi perro.

¿Cuál es tu comida favorita?: paella.

¿Tienes mascotas?: sí, un perro.

¿Tienes algún problema de salud?: no.

¿Estás operado/a de algo?: no.

Justo cuando Amelia acabó de responder la última pregunta del cuestionario, alguien tocó el timbre de su casa insistentemente. Amelia dejó el formulario sobre la mesa y se fue hasta la puerta. Antes de preguntar quién era, miró por la mirilla de la puerta. Era Valentina, vestía su bata y llevaba algo en las manos. Abrió la puerta y la invitó a pasar.

Amelia: buenas noches Valentina, ¿qué tal el día?, ¿cómo está su hermana? Pase, pase al salón y siéntese si quiere.

Valentina: no, gracias, solo estaré un momento, he dejado a mi tortuga sola. Venía a traerte este guiso, seguro que no has comido bien.

Amelia: muchas gracias, Valentina, ¡qué bien! Me encantan sus guisos.

Valentina: de nada, querida mía, de nada. Mi hermana va mejor, gracias. Y por lo que veo… no es la única, tú pareces hoy más feliz que ayer. ¿Qué te ha pasado?

Amelia: ¿yo?, ¿más feliz? Ah, no sé. Nada, no me ha pasado nada especial.

Amelia se estaba poniendo nerviosa, no era fácil engañar a Valentina. De nada iban a servir las prisas de la anciana por volver a su casa, de nada el apremio por volver con su tortuga. Amelia sabía que Valentina no pararía de preguntar hasta saber el motivo de su alegría.

Valentina: venga, cuéntame, no tengo toda la noche. Aunque ya sabes que por ti, por escuchar el relato de tu felicidad, merece la pena ***pasar la noche en vela***.

Amelia: ya le digo que no es nada. Vuelva a casa, su tortuga podría despertarse y no verla.

Valentina siguió mirando a Amelia fijamente, esperando una respuesta.

Valentina: ¿te has echado novio?, ¿es eso? Me parece bien, sí. Y dime ¿cómo se llama el afortunado?

Amelia: no, no, nada de eso, qué cosas tiene, Valentina.

Valentina se acercó hasta el salón y reparó en el papel que estaba sobre la mesa. Lo cogió y, pese a que Amelia intentó convencerla de que no lo leyera, la anciana lo leyó ***de cabo a rabo***. COMPLETLY

La joven no esperaba visita y había cometido la imprudencia de dejar el formulario a la vista de cualquiera. Aunque Amelia sabía que podía confiar en Valentina, recordó las palabras de Arturo "nadie debe saber que eres detective".

Amelia: por favor, Valentina, prométame que no se lo contará a nadie. De lo contrario… debería dejar de lado mi sueño de ser detective.

Valentina: querida mía, no te preocupes, me alegran tus palabras, por fin vas tras tus sueños, eso merece una celebración. Espera aquí, voy a casa, recojo a mi tortuga y vuelvo.

Amelia: no sabe usted lo tranquila que me quedo sabiendo que tengo por cómplice a la mejor anciana del mundo.

Valentina volvió con la tortuga y una botella de champán.

—Saca un par de copas y brindemos por los sueños que se hacen realidad —dijo sonriente.

Las dos mujeres brindaron y se abrazaron, contentas de tenerse la una a la otra.

Resumen del capítulo cinco

Amelia llegó a su casa y después de sacar a su perro, rellenó el formulario. Justo al terminar de rellenarlo, alguien llamó al timbre. Era Valentina. Le traía cena. Amelia la hizo entrar en su casa. La anciana le preguntó por qué estaba tan contenta. Amelia no quería contestarle. Valentina encontró sobre la mesa el formulario de la escuela de detectives. Amelia le dijo que era su vocación. La anciana se fue a por una botella para celebrar que Amelia iba tras sus sueños y a coger su tortuga.

Chapter five summary

Amelia came home and after taking out her dog, she filled out the form. Just when she finished filling it, someone rang the bell. It was Valentina. She brought her dinner. Amelia let her into her house. The old woman asked why she was so happy. Amelia did not want to answer her. Valentina found the detective school form on the table. Amelia told her it was her vocation. The old woman went for a bottle to celebrate that Amelia was going after her dreams and to take her turtle.

Capítulo seis

El viernes, veinticuatro de febrero, Amelia se despertó para ir a su trabajo en la librería "Palacios". Después de ducharse, vestirse y desayunar, sacó a su perro Mimi a dar su paseo matutino. Después, cogió el autobús, la línea diez, que pasaba cerca de su casa cada siete minutos.

Por un momento pensó tomarse el día libre, pero desechó la idea: era mejor seguir con su rutina. Además, pensó, más adelante podría necesitar días libres para resolver algún caso.

Seguía haciendo mucho frío en Toledo. El invierno estaba siendo muy duro. La previsión meteorológica aseguraba que subirían algo las temperaturas, pero en ese momento comenzaban a caer los primeros copos de nieve.

Amelia no quiso que la nevada le sorprendiera por la calle. Para ir hasta la librería debía caminar por varias calles en pendiente, muy propicias para las caídas. Si resbalaba, podría romperse una pierna. Ahora, más que nunca, tenía que cuidarse. Mientras viajaba en el autobús, iba pensando que tendría que empezar a hacer ejercicio con más frecuencia. Tres veces por semana si quería estar en forma. Seguramente, su nueva ocupación le demandaría pasar largos periodos de tiempo caminando, persiguiendo a alguien, corriendo tras un ladrón.

Cuando el autobús paró, Amelia se bajó y caminó por la calle Real, donde estaba la librería. Saludó a sus compañeros de trabajo con un buenos días, muy eufórico. Sus compañeros le respondieron un buenos días, pero menos enérgico. Después, sin perder tiempo, Amelia ocupó su mesa en el despacho y se dispuso a emitir facturas, llamar a bancos, etcétera. Quería estar concentrada, que el tiempo pasara rápido.

Tenía ganas de que llegara la hora de salir del trabajo. Quería ir cuanto antes a la cafetería La Nube a entregar el formulario. Lo había doblado por la mitad y guardado en un sobre. El papel se encontraba seguro, dentro de su bolso, en un compartimento que se cerraba con una cremallera. A cada rato, Amelia tocaba su bolso, que colgaba del respaldo de su silla. Amelia quería asegurarse de que seguía allí, a su lado, con el sobre dentro.

Esa mañana no salió a tomar café con sus compañeros, ni habló con nadie, se ***dedicó en cuerpo y alma*** a hacer su trabajo.

Amelia comenzó a sentir hambre. Miró su reloj: eran las dos menos cuarto. Comenzó a ordenar su escritorio, a recoger los papeles que quedaban sobre su mesa, dispuesta a finalizar su jornada laboral. Pararía en el bar Tomás a comer algo. El bar estaba de camino hacia la cafetería.

Camarero: buenas, ¿qué deseas tomar?

Amelia: hola, ¿qué bocadillos tienes?

Camarero: tenemos de anchoas, de tortilla de patata, de calamares, de jamón serrano.

Amelia: ponme un bocadillo de jamón serrano con tomate.

Camarero: para beber ¿vas a querer algo?

Amelia: sí, para beber ponme una botella de agua del tiempo. Y si eres tan amable de cobrarme ya, te lo agradezco.

Camarero: sí, serán trescientas pesetas[*], por favor.

([*] La anterior moneda en España era la peseta. El euro entró en vigor en el año 2002)

Amelia: mira, aquí te dejo el dinero.

Camarero: perfecto. Gracias.

Mientras comía, Amelia miraba por la ventana. Toledo era una ciudad muy bonita, y desde el bar Tomás se veía el puente de San Martín, sobre el río Tajo. El puente era una construcción medieval, del siglo XIII.

Ese puente, junto con otras tantas construcciones: El Alcázar de Toledo, el puente del Alcántara, el monasterio de San Juan, las murallas de la ciudad, la Sinagoga del Tránsito, y tantas otras construcciones, eran las joyas de Castilla La Mancha. A Toledo la llamaban la ciudad de las tres culturas pues por ella habían pasado la cultura hebrea, la musulmana y la cristiana, y convivieron de manera pacífica.

A Amelia le impresionaba la ciudad, tan llena de historia y belleza. También la gastronomía de la zona, con sus platos típicos: las gachas, las torrijas, los duelos y quebrantos. Y la cantidad de pueblos existentes, con sus molinos de viento y sus castillos. Se sentía afortunada de vivir allí. Aunque a veces echaba de menos a su familia, que vivía en Madrid.

Con estos pensamientos, se dirigió hacia la cafetería La Nube. Nada más entrar, el olor de las velas de menta le refrescó la nariz. Sus gafas volvieron a empañarse por el calor del local. Ya en la barra, saludó al camarero y le entregó el sobre.

—El sobre es para Arturo —le dijo.

—Tranquila, yo se lo doy —respondió el camarero.

Amelia tomó un café con leche y se marchó de la cafetería. Ahora ya solo debía esperar las instrucciones de Arturo. Tenía muchas ganas de comenzar el curso.

Resumen del capítulo seis

Amelia fue en autobús hasta su trabajo porque comenzaba a nevar. Pasó toda la mañana inmersa en su trabajo. Comió en el bar Tomás. Por la ventana veía la ciudad. Toledo le gustaba mucho: las históricas construcciones, su gastronomía, los pueblos, sus molinos y castillos. Cuando llegó a la cafetería La Nube entregó el sobre al camarero. Se tomó un café con leche y se marchó. Ahora solo tenía que esperar instrucciones de Arturo. Amelia tenía muchas ganas de empezar el curso.

Chapter six summary

Amelia went by bus to work because it was beginning to snow. She spent all morning in her work. She ate at the Tomás bar. Through the window she could see the city. She liked Toledo very much: the historical constructions, its gastronomy, the villages, its windmills and castles. When she arrived at La Nube cafeteria, she handed the envelope to the waiter. She drank coffee and left. Now she just had to wait for Arturo's instructions. Amelia really wanted to start the course.

SUSPECT

Capítulo siete

Las instrucciones no tardaron en llegar. El sábado por la mañana, Amelia recibió una llamada telefónica. Una voz de mujer le indicaba una serie de tareas. La mujer se identificó como Eva María y dijo que llamaba de parte de Arturo. Amelia supuso que era la socia de Arturo y trató de estar simpática, de disimular sus nervios.

Las instrucciones que Eva María dio a Amelia eran las siguientes:

—Debes comprar un par de libros "La ciencia y el arte de la sospecha" de la editorial Alas y "Cómo realizar una investigación: casos prácticos" de la editorial Medio. Estos dos libros son de obligada lectura y normalmente damos el plazo de dos semanas para su lectura. Sin embargo, Arturo me dijo que contigo podíamos ir más rápido. Puedes leerlos mientras resuelves un curioso caso, si estás de acuerdo.

Consigue una linterna, una libreta y un bolígrafo. También una cámara fotográfica pequeña, que puedas llevar cómodamente en el bolsillo. En un estanco, compra un sello y un sobre. También un paquete de tabaco y un mechero. Luego, dirígete a unos grandes almacenes y compra una bolsa de deporte, unos vaqueros de hombre, una cazadora y unas deportivas. También una bufanda y un gorro. En la sección de perfumería compra una colonia de caballero. Hazte con unas tijeras de peluquera. Después dirígete hasta la calle Santa Úrsula y busca una tienda de disfraces. Una vez la encuentres, vas a decirle a la dependienta que estás buscando disfraces para tu fiesta de cumpleaños. Tú quieres que todos los invitados lleven peluca. Tienes que comprar por lo menos diez pelucas de pelo largo, tres de pelo rubio, tres de pelo moreno y cuatro de pelo castaño. Mientras te las prepara, finge que te has dado cuenta de lo divertido que sería si los hombres se colocaran un bigote, y compra unos cuantos. Pide opinión a la vendedora de qué otras cosas podrías utilizar en tu fiesta de cumpleaños. Paga y despídete animada. Una vez regreses a tu casa, corta una de las pelucas morenas e introduce en la bolsa de deporte: la cámara, la linterna, la libreta, el bolígrafo, el tabaco y el mechero, la peluca, la colonia, y la ropa que has comprado.

El domingo por la mañana deberás ir hasta la estación de autobuses a primera hora, que es cuando menos gente hay. En los servicios de señoras, vístete con la ropa de hombre, ponte la peluca y échate un poco de colonia. En la misma estación, deja en consigna tu ropa de mujer dentro de la bolsa de deporte. Una vez así disfrazada, sácate una foto en un fotomatón y envíala en un sobre a la dirección de la cafetería La Nube. Así sabremos cuál es tu nuevo aspecto.

Siéntate cerca de la cabina de teléfono que hay a la entrada de la estación y espera a recibir nuevas instrucciones.

Tu clave es la frase "volverán las oscuras golondrinas". Suerte, Amelia — informó la mujer.

Amelia sujetaba el auricular, aunque su interlocutora ya había colgado. Mimi le miraba con la cabeza torcida, como si quisiera preguntarle qué le pasaba. Amelia Plin se sentía abrumada. Se había quedado con la boca abierta del pasmo: eran demasiadas cosas por hacer. Por suerte, había ido copiando en un cuaderno lo que Eva María le decía. Estaba acostumbrada a este tipo de cosas. Podía apuntar mientras hablaba por teléfono, sujetando el auricular entre la cabeza y el hombro, dejando sus manos libres.

Las indicaciones que acababa de recibir nada tenían que ver con un curso organizado, con sus temas, sus ejercicios, sus exámenes. A Amelia le dio la sensación de que la lanzaban a la aventura. Era como si la hubieran lanzado a una piscina y ella no supiera nadar. Sin embargo, Amelia se dijo que debía confiar, era lo único que podía hacer.

Resumen del capítulo siete

El sábado por la mañana, Amelia recibió una llamada telefónica. Una mujer le explicó las tareas que debía realizar: comprar unas cosas y dirigirse a la estación de autobuses. Una vez allí, en los servicios de señora, debía disfrazarse de hombre y esperar nuevas instrucciones.

Chapter seven summary

On Saturday morning, Amelia received a phone call. A woman explained to her the tasks to be done: to buy some things and to go to the bus station. Once there, in the woman toilets, she had to dress herself up as a man and wait for new instructions.

Capítulo ocho

Amelia Plin siempre había tenido una cara muy corriente. Nada en ella llamaba la atención. Sus rasgos eran fáciles de olvidar: la cara redonda, los ojos de color marrón, una nariz ni muy larga ni muy corta, y el pelo liso cortado por encima del hombro, la hacían pasar desapercibida.

Mientras se miraba en el espejo del cuarto de baño de la estación se decía que en esos momentos estaba irreconocible, ni siquiera Valentina la hubiese conocido.

Antes de salir, Amelia le había contado su nueva misión. La anciana, llena de emoción, le había abrazado mientras le aseguraba que todo saldría bien.

Cuando Amelia se dirigió hasta consigna, observó que un hombre la miraba por encima de un periódico. El hombre llevaba un sombrero marrón, una gabardina gris y vestía de traje. El hombre iba muy arreglado y desentonaba bastante con el ambiente de la estación de autobuses. Amelia pensó por un momento que ese hombre la estaba espiando, pero no entendía el motivo.

Una vez se hizo las fotos, salió de la estación de autobuses en busca de un buzón de correos. Amelia pensó que hasta el lunes o el martes esa carta no llegaría hasta Arturo. Que hasta ese tiempo no podría ser reconocida por nadie y eso la asustó un poco. Tal vez debería enviar otra fotografía a Valentina. Sí, estaba segura de que debía hacerlo, pero tan solo había comprado un sello y los domingos los estancos estaban cerrados.

El hombre del sombrero se acercó hasta ella y le tocó el hombro. Amelia trató de no ponerse nerviosa pero el corazón le iba a mil. Imaginaba que el hombre del sombrero sacaba una pistola de su gabardina y le disparaba allí mismo. En ese momento, Amelia lamentó no haber comprado una navaja o algo con lo que defenderse. Tampoco tenía la fuerza necesaria para reducir a un hombre. Empezaba a tener mucho miedo. Quería huir, pero a la vez, quería quedarse en la estación, junto a la cabina de teléfono, esperando nuevas instrucciones. El hombre del sombrero insistió.

—Disculpe —dijo el hombre —, se le ha caído esto cuando salía del lavabo de señoras. Por cierto, no es muy correcto que un hombre entre en el aseo de las damas, ¿no cree?

Amelia se giró con decisión.

—No hablo español/ J*e ne parle pas espagnol* —dijo Amelia en su mejor francés, dando a su voz un tono grave, de hombre.

De esta manera, no se veía en la obligación de dar explicaciones, ni de hablar con el desconocido.

—¿Hablas francés? *Parlez vous français?* —se aventuró a decir también en francés.

El hombre del sombrero entregó a Amelia el mechero que, por lo visto, se le había caído al salir del lavabo, y se alejó. Estaba claro que no sabía francés y que Amelia había salido airosa de la situación.

Ya más tranquila, Amelia se sentó en el banco, junto a la cabina de teléfono. Pasó media hora hasta que el teléfono sonó. Por suerte, la estación estaba vacía. La voz de Arturo estaba al otro lado de la línea y Amelia sonrió al oírle.

—Dime la clave— dijo Arturo.

—Volverán las oscuras golondrinas —respondió Amelia.

Resumen del capítulo ocho

Amelia se disfrazó de hombre en el aseo de señoras de la estación de autobuses. Al salir un hombre le dijo que se le había caído el mechero y que no estaba bien entrar en el aseo de las damas.

Amelia imitó voz de hombre y en francés, le respondió que no hablaba español y le preguntó si él hablaba francés. El hombre se fue. Después, ella se sentó en un banco, junto a la cabina de teléfonos. Arturo llamó por teléfono y le pidió la clave. "Volverán las oscuras golondrinas" respondió Amelia.

Chapter eight summary

Amelia dressed herself up as a man in the woman toilets, at the bus station. When she came out a man told her that her cigarette lighter had fallen and that it was not proper to enter the woman toilets.

Amelia imitated the voice of man and in French, replied that she did not speak Spanish and asked if he spoke French. The man left. Then, she sat on a bench next to the telephone box. Arturo called and asked for the key. "The dark swallows will return" Amelia answered.

GET OFF

TERRORIZE

Capítulo nueve

—Amelia —dijo Arturo —,estás siendo muy valiente y te felicito por ello. Más de un estudiante de nuestra escuela abandonó el curso antes de comprar las pelucas. Vas muy bien. Ahora escúchame, por favor. No hagas preguntas. Tampoco tomes notas.

Un grupo personas llegaron a la estación de autobuses. Hablaban muy alto y el bullicio entorpecía la comunicación entre Arturo y Amelia. Además, la megafonía anunciaba la salida de varios autobuses con destino a Madrid, así como los andenes a los que debían dirigirse los viajeros. Amelia aguzó todo lo que pudo el oído para escuchar las explicaciones de Arturo.

—Debes coger el autobús de las once y cuarenta que sale hacía Ciudad Real. Le tienes que pedir al conductor que te deje bajar en Mancha del Campo, un pequeño pueblo que tan apenas sale en los mapas. Una vez te apees, debes buscar a Candelario Puertas. Le tienes que decir que eres un profesor de Literatura, especialista en la figura de Miguel de Cervantes Saavedra. Dile que deseas visitar el molino. Te han comentado que ese molino podría ser uno de los que inspiraron a Cervantes y aterrorizaron al caballero de la triste figura, es decir, a Don Quijote de la Mancha.

Cuando Candelario te muestre el molino debes memorizar la disposición de cada una de sus alturas, de tal forma que seas capaz de volver esa misma noche. Vas a tener suerte porque la luna estará llena y te servirá para ver bien.

Bien, te preguntarás qué es lo que debes buscar... Escucha, Amelia, ese molino perteneció a la familia de nuestro cliente. Sin embargo, durante la Guerra Civil, el molino fue requisado y finalmente pasó a ser propiedad de los Estriba del Huerto. Lo normal es que hubiera pasado a ser propiedad del ayuntamiento, pero de alguna manera, los Estriba se las han ingeniado para mantener ese legado. Cuando lo veas, te darás cuenta de que no vale gran cosa, es un molino viejo y está algo destartalado, pero para mi cliente tiene un alto valor sentimental.

¿Por qué la familia Estriba no quiere deshacerse del molino?, ¿por qué se niegan no ya solo a devolverlo a su legítimo propietario, sino incluso a vendérselo? Sospechamos que *hay gato encerrado*. Algo debe pasar en ese molino, cuando tienen tanto interés en mantenerlo. Y eso es lo tienes que descubrir.

Te preguntarás por qué has tenido que disfrazarte de hombre para esta misión: Candelario tiene la rareza de negarse a hablar con mujeres, tal y como mi socia Eva María pudo comprobar —explicó Arturo a la chica.

Cuando colgaron, Amelia pensó que a veces parecía como si Arturo le leyera el pensamiento, ¿cómo era posible que supiera que se preguntaba por el motivo de su disfraz? Ella también quería llegar a ese punto de sabiduría, a ese adivinar el pensamiento. Estaba dispuesta a seguir todas las indicaciones de Arturo, al cual admiraba.

Resumen del capítulo nueve

Tras escuchar la clave correcta, Arturo le dio indicaciones a Amelia de viajar hasta Ciudad Real en el autobús de las once y cuarenta. Se tenía que bajar en Mancha del Campo, un pequeño pueblo que no salía en los mapas. Allí, debería buscar a Candelario Puertas y pedirle una visita al molino.

El molino había sido propiedad de la familia de su cliente, pero otra familia lo requisó durante la Guerra Civil y se negaban a deshacerse del molino. Sospechaban que algo pasaba en el molino.

Tras memorizar la disposición del molino, Amelia debería volver al molino de noche y tratar de averiguar qué pasaba allí.

Chapter nine summary

After hearing the correct key, Arturo gave Amelia directions to travel to Ciudad Real on the bus at eleven-forty. She had to get off the bus in Mancha del Campo, a small town that did not appear in the maps. There, she should look for Candelario Puertas and ask for a visit to the windmill.

The windmill had been owned by his client's family, but another family requisitioned it during the Civil War and refused to dispose of the windmill. They suspected that something was happening in the windmill.

After memorizing the windmill's disposition, Amelia should return to the windmill at night and try to find out what was going on there.

Capítulo diez

Amelia se acercó hasta la taquilla donde se vendían los billetes y guardó cola. Tenía por delante a cinco personas. Cuando llegó su turno, fingió voz de hombre.

Amelia: buenos días, quiero un billete para Ciudad Real.

Vendedor: buenos días, ¿a qué hora lo quiere? Hay tres autobuses hoy para Ciudad Real. Uno sale a las once y cuarenta, otro a las tres y cuarto y el último a las ocho.

Amelia: quiero un billete para el autobús de las once y cuarenta. Necesito bajarme en Mancha del Campo.

Vendedor: muy bien, deberás avisar al conductor, normalmente ese pueblo no tiene parada a menos que alguien lo solicite.

Amelia: muchas gracias, así lo haré.

Vendedor: de nada, tenga su billete. Son doscientas pesetas.

Amelia: aquí tiene. Muchas gracias. Que tenga usted un buen día.

Vendedor: lo mismo le deseo, caballero.

Con el billete en la mano, Amelia se sentía como si hubiera aprobado un examen, y en cierta manera así era. Nadie había advertido que iba disfrazada de hombre. Le encantaba su nuevo oficio.

Cuando la megafonía de la estación anunció la próxima salida del autobús destino Ciudad Real, Amelia se levantó del banco y se dirigió a la dársena número tres. Allí, un conductor recogía los billetes.

—Buenos días, ¿me podrá parar en Mancha del Campo? —dijo Amelia.
—Sí, descuide, póngase en los asientos de delante. Ahí junto al joven, vais los dos al mismo sitio — dijo el conductor.
Su compañero de asiento era un joven de unos veinte años. Vestía de manera informal pero llevaba pantalones y cazadora de marca. Llevaba un reloj de oro en la muñeca. Las deportivas también eran de una marca cara. Amelia dedujo que era rico. A los pies del muchacho, sin embargo, había una mochila sucia, de lo más vulgar. Estaba roída y tenía varias manchas de tierra. Parecía como si no fuera suya. Cuando Amelia ocupó su asiento, el chico alargó la mano hasta la mochila y trató de protegerla.

—Disculpa —dijo Amelia, al ver que había incomodado, con su presencia, al joven.

El joven no respondió a Amelia y se puso a mirar por la ventanilla mientras movía una pierna constantemente. Parecía nervioso.

Resumen del capítulo diez

Amelia siguió las instrucciones y compró el billete para Ciudad Real. Luego le pidió al conductor que si podía parar en Mancha del Campo. El conductor le indicó que se sentase en los asientos de delante, junto a un joven, ya que ambos iban al mismo lugar. El chico iba bien vestido y llevaba un reloj de oro, sin embargo una mochila a sus pies llamaba la atención: estaba manchada de tierra y un poco rota. El chico se puso nervioso cuando Amelia ocupó el asiento de su lado.

STAIN

Chapter ten summary

Amelia followed the instructions and bought the ticket for Ciudad Real. Then she asked the driver if he could stop in Mancha del Campo. The driver told her to sit in the front seats next to a young man, as they both went to the same place. The boy was well dressed and wore a gold watch, but a rucksack at his feet caught the attention: it was stained with dirt and a little broken. The boy became nervous when Amelia took the seat next to him.

Capítulo once

Tras media hora de viaje, el conductor paró el autobús en la cuneta y anunció que habían llegado a Mancha del Campo. El chico joven cogió su mochila y esperó a que Amelia se levantara de su asiento y le permitiera pasar.

Sin mediar palabra el chico bajó del autobús y se alejó por un camino de tierra, con paso rápido. Al verlo tan decidido, Amelia pensó que se conocía bien el camino que iba hasta el pueblo y decidió seguirlo. Antes, Amelia reparó en la marquesina que había al otro lado de la carretera y que debía servir para esperar al autobús de vuelta hacia Toledo.

El chico le sacaba mucha ventaja y Amelia casi lo pierde de vista cuando este giró a la derecha. La intención de la mujer era seguirlo hasta el pueblo y una vez allí preguntar por Candelario Puertas, pero cuando el joven giró a la derecha, desapareció.

Unos viñedos secos y oscuros aparecieron ante la vista de la mujer. Detrás, una enorme casa donde, seguramente, alguien en ese momento estaría recibiendo al joven de la mochila.

La decepción de Amelia fue grande. Se encontraba en medio del campo y, salvo un par de casas, la mansión donde el chico había entrado y un cobertizo, no había más signos de vecinos por la zona.

A lo lejos divisó una pequeña colina y decidió ir hacia ella: seguramente ahí estaría el molino. Este tipo de construcciones solían estar en las partes más altas del terreno, donde el viento llegase fácilmente. Probaría suerte, tal vez, Candelario Puertas estuviera allí en ese momento.

Los goznes de la puerta del molino chirriaron cuando Amelia empujó la madera. La oscuridad de dentro le impedía ver que al otro lado un par de hombres conversaban acaloradamente. Al ver que alguien entraba, se hizo el silencio y un haz de luz iluminó la cara llena de arrugas de Candelario.

—Buenos días —dijo Amelia con voz de hombre—, mi nombre es Evaristo Diez del Pozo, estoy buscando a Don Candelario Puertas.

—¿Para qué lo busca? —le dijo uno de los hombres de manera un tanto desconfiada.

—Verá, soy profesor de Literatura y me han dicho que este molino es uno de los que inspiraron a Miguel de Cervantes Saavedra en su magnífica obra "Don Quijote de La Mancha". Por este motivo, me gustaría que Don Candelario me enseñase el molino —respondió Amelia dándose aires de intelectual, con voz grave.

—Aquí me tiene, yo soy Candelario Puertas, encantado de servirle —se apresuró a decir el hombre con arrugas en la cara. —Si no le importa se lo mostraré ahora. Solo tengo un rato antes de comer para mostrarle el molino.

Si no puede, ya tendríamos que dejarlo para mañana. Después de comer me echo la siesta y en invierno anochece pronto. Sin luz no podríamos apreciar los maravillosos paisajes que se divisan desde la planta superior del molino.

—Yo me marcho y os dejo con esa visita —anunció el otro hombre mientras se alejaba.

Resumen del capítulo once

Tras media hora de viaje, el autobús paró en Mancha del Campo. Amelia y el chico se apearon. El joven caminó deprisa por un camino y Amelia pensó que se conocía bien el camino hacia el pueblo, así que lo siguió. El chico se metió en una casa muy grande. Amelia estaba en medio del campo y decidió caminar hacia lo alto de una pequeña colina, donde seguramente estaba el molino.

Allí encontró a dos hombres hablando. Uno de ellos era Candelario Puertas que se ofreció a enseñarle el molino en ese mismo momento.

Chapter eleven summary

After half an hour of travel, the bus stopped in Mancha del Campo. Amelia and the boy get off the bus. The young man walked quickly along a path and Amelia thought that the road to the town was well known by him, so she followed him. The boy got into a big house. Amelia was in the middle of the field and decided to walk to the top of a small hill, where surely the windmill was.

There she found two men talking. One of them was Candelario Puertas who offered to teach him the windmill at the moment.

Capítulo doce

Candelario era un hombre muy amable y hablador. Las arrugas de su rostro y su piel curtida hicieron pensar a Amelia que Candelario había trabajado en el campo una buena parte de su vida. Conocedor de las cosechas, de las lunas, de las lluvias, Candelario no paraba de hablar de aquel trozo de paraíso que para él era Mancha del Campo. También le contó muchas historias populares. Una de esas historias aseguraba que el caballero de la triste figura estaba enfermo de la mente a causa de un frío que se le había metido dentro del cráneo.

Candelario no tuvo ningún reparo en mostrarle todo el molino. Subieron por una escalera de madera hasta la parte superior, para luego descender. Desde los ventanucos de la planta alta se veían los campos de Castilla, sus cielos azules, y se oía el viento que antaño hacía mover las aspas y moler el trigo. Ya en la planta baja, se dispusieron a despedirse. Amelia estaba algo confusa pues todo le parecía muy normal. Candelario le había mostrado absolutamente todo el molino y nada hacía sospechar que allí ocurriera algo, tal y como le había indicado Arturo. Ya en el umbral de la puerta, mientras se estrechaban la mano al despedirse, Amelia reparó en que, bajo la escalera, había una trampilla. En ese momento la chica se dio cuenta de que Candelario le estaba ocultando algo.

No le dijo nada al hombre, pero mentalmente apuntó: mirar la trampilla de debajo de la escalera. Esa noche sería lo primero que iba a hacer.

Ya una vez fuera del molino, Amelia volvió sobre sus pasos y preguntó a Candelario a quién pertenecía el molino. El hombre mintió y dijo que era propiedad del ayuntamiento y que lo iban a declarar Patrimonio de la Humanidad. Amelia se dio cuenta de que el hombre mentía pero hizo como si nada.

Toda la confianza que se había ganado durante la visita la había perdido en ese instante, al mentirle. Estaba claro que allí pasaba algo y Candelario era cómplice directo, o incluso el mismo artífice.

Resumen del capítulo doce

Candelario era un hombre muy amable y conversador que enseñó el molino a Amelia. Todo parecía muy normal hasta que Amelia reparó en una trampilla que había debajo de la escalera. Este hecho junto a la mentira de que el molino pertenecía al ayuntamiento puso alerta a Amelia.

Chapter twelve summary

Candelario was a very kind and talkative man who showed the windmill to Amelia. Everything seemed very normal until Amelia noticed a trapdoor under the stairs. This fact next to the lie that the windmill belonged to the city council put alert to Amelia.

Capítulo trece

Amelia caminó por los alrededores del molino. Se sentó a descansar bajo un olivo, apoyó su espalda en el tronco del árbol y sacó su comida: un bocadillo, unas barritas de chocolate y varias botellas de agua. Comió con ganas, sabiendo que debía repartir sus víveres entre la comida y la cena. Amelia había sido precavida y había comprado estas provisiones en la estación de autobuses.

Desde donde estaba, podía ver la puerta del molino. Amelia pudo distinguir a un hombre alto y grande, de andares lentos, que sin duda era Candelario. Nuevamente se sintió engañada. El hombre le había dicho que no podía mostrarle el molino por la tarde, porque se iba a echar la siesta. Sin embargo, esa tarde recibió dos visitas, a diferentes horas. La primera llegó en un coche de lujo del cual descendió un hombre bajo y gordo que llevaba un maletín. Cuando este se marchó, apareció otro coche, nuevamente de lujo, del cual bajó un hombre con una gorra y un galgo con un enorme collar.

A las seis de la tarde comenzó a anochecer. La noche se presentaba muy larga para Amelia que, escondida en el campo de olivos, esperaba reunir el valor necesario para investigar el molino. Tenía mucho frío y recordaba los caldos calientes que Valentina le preparaba.

Al día siguiente volvería a Toledo, a su casa. Podría ducharse y descansar. Le entusiasmaba la idea de presentarse en el bar La Nube con el caso solucionado, pero el miedo que ahora sentía le hacía pensar en cosas terribles. Los murciélagos batían sus alas cerca de la cabeza de Amelia y los primeros aullidos amenazaban con convertir aquella noche en algo trágico.

Amelia no quiso retrasar más su labor y se dirigió hacia el molino. La luz de la luna iluminaba la colina y la chica tuvo que arrastrarse por la tierra para que nadie reparara en ella.

Cuando estaba a tan solo unos metros del molino, se quedó quieta: había visto a alguien salir por la puerta del molino. La silueta del chico del autobús se dibujó en la ladera de la colina. Llevaba algo colgado al hombro. Era su mochila, pero esta vez la llevaba sin ningún tipo de cuidado ya que estaba vacía.

Amelia ató cabos enseguida y se dijo que el chico debía haber depositado, dentro del molino, el contenido de su sucia mochila. Debía ser algo muy valioso, pues durante todo el trayecto el chico tocaba la mochila y la protegía con sus manos.

Cuando el chico desapareció de su vista, Amelia continúo reptando como una serpiente. Solo cuando tuvo la puerta delante se incorporó, se sacudió un poco las manos y, algo nerviosa, abrió su mochila.

86

Los ruidos de la noche le llegaban amplificados y el tiempo parecía ir más despacio de lo normal. La noche traía olores de granjas cercanas y el frío formaba pequeñas nieblas que, al iluminarse por la luna, daban la sensación de ser fantasmas. La chica buscaba algo dentro de su mochila. Revolvía con cuidado de que no se le cayera nada y, al fin, tocó lo que buscaba: una llave maestra. Arturo se la había dado y ella la había recogido algo incrédula pues, a Amelia, siempre le pareció mentira que existieran ese tipo de llaves, que abrieran todas las puertas. Ahora pensaba que el éxito o el fracaso de su viaje, dependía de ese trozo de metal.

Introdujo la llave en la cerradura. El corazón le iba a mil por hora. La puerta cedió al girar la llave y Amelia entró al molino. Ahora sentía aún más miedo: había entrado a un lugar de manera ilegal. Cualquier ruido le parecía amenazador y tuvo que reprimir un chillido al escuchar los pasos de los ratones en el piso de arriba.

La oscuridad dentro no le permitía ver nada. Tocaba las paredes, reconociendo de esta manera dónde estaba. Cuando localizó la trampilla, giró tímidamente su gozne hacia la derecha y hacia la izquierda, pero no se movía. Lo volvió a intentar, esta vez con un poco más de fuerza y se escuchó un *click*. Algo se había abierto. La trampilla dejaba paso a unas escaleras. El techo era más bajo en esa parte del molino. Amelia iluminó los peldaños y se agachó dispuesta a recorrer la escalera.

Una pequeña habitación subterránea era todo lo que había abajo. Con la linterna fue recorriendo las paredes. La estancia poseía una mesa central con unas sillas y, del techo, colgaba una lámpara. Amelia tuvo la tentación de encender la luz, seguramente nadie vería la luz pues la habitación se encontraba bajo tierra. Por prudencia, no lo hizo y continúo con la cada vez más tenue luz de su linterna.

Las paredes estaban llenas de estanterías con cajas. Amelia cogió una cualquiera y la abrió. Era una caja de cartón, en cuyo interior había otra caja. Esta última era una caja de piel, como las que guardan joyas. Al abrirla, Amelia encontró una máscara de piedra. Era muy bonita. Tenía dos aberturas para los ojos y la boca la habían tallado con una sonrisa dándole a la máscara un aspecto amable. Unas piedras de color azul y unos brillos dorados recorrían la frente de la máscara. Amelia se preguntaba qué era aquello, le daba la sensación de estar frente a un objeto antiguo, pero a la vez, no se acababa de creer lo que veía. Había abierto otra caja con varios brazaletes de oro y plata donde se habían tallado las figuras de animales: una liebre, una serpiente, halcones, monos, le hacían pensar que estaba frente a antiguos amuletos egipcios. En otra caja, un brazalete con inscripciones egipcias. Amelia abrió una última caja donde encontró varios collares hechos con dientes y cuentas de malaquita junto a un peine de marfil.

—Así que esto es lo que viene a ver la gente al molino. Esto lo que el chico de la mochila ha venido a traer esta noche. ¿Objetos de contrabando?— se interrogó a sí misma.

Amelia, casi sin pensar, cogió la máscara y el peine de marfil. Era consciente de que eso le podía traer muchos problemas. Si la descubrían, le podrían acusar de robo. Pero, algo le decía que solo iba a tener esta oportunidad para averiguar qué era todo aquello y para eso iba a necesitar enseñárselo a Arturo. Debía darse prisa por huir del pueblo. Seguramente por la mañana se darían cuenta de la falta de esos objetos y ella, para entonces, quería estar ya lejos de Mancha del Campo.

Resumen del capítulo trece

Amelia pasó la tarde cerca del molino y vio que a Candelario le visitaron dos hombres. Se sintió nuevamente engañada por él. Por la noche, Amelia fue hasta el molino arrastrándose por la tierra. Vio salir del molino al chico con el que había viajado en autobús. Parecía que el chico llevaba la mochila vacía.

Con una llave maestra que le había dado Arturo consiguió entrar al molino. Una vez dentro localizó la trampilla. Al abrirla descubrió unas escaleras. Ella bajó las escaleras y encontró una habitación con cajas. Miró dentro de algunas cajas y encontró objetos antiguos. Cogió una máscara y un peine de marfil y los puso dentro de su mochila. Debía darse prisa y huir del pueblo.

Chapter thirteen summary

Amelia spent the afternoon near the windmill and Candelario was visited by two men. She felt cheated again by him. At night, Amelia went to the windmill crawling on the ground. She saw the boy leave the windmill with whom she had traveled by bus. It looked like the boy was carrying the empty backpack.

With a master key that Arturo had given her, she was able to enter the windmill. Once inside the windmill, she located the trapdoor. When she opened it, she discovered stairs. She went downstairs and found a room with boxes. She looked inside some boxes and found ancient objects. She took a mask and an ivory comb and to put them inside her backpack. She must hurry and run away from the village.

Capítulo catorce

Amelia llegó hasta la carretera. La mochila, con la máscara y el peine dentro, le pesaba bastante, como también le pesaba el hecho de haber robado los objetos extraños. La carretera estaba poco iluminada y desierta pero Amelia se decía que pronto pasaría un coche. Entonces ella le haría señas, el coche pararía y la llevaría hasta Toledo. No tenía miedo de que fuera un extraño quien la llevara hasta su ciudad, solo pensaba una cosa: huir de Mancha del Campo. Con la linterna lanzaba destellos de luz hacia la carretera. Tres destellos cortos, tres destellos largos y tres destellos cortos, que equivalían al famoso SOS, a ese "salven nuestras almas" que tantas veces había visto en las películas. Pudiera ser que algún conductor descifrara el significado, o simplemente alguno parase al ver los destellos.

Tras media hora, un camión paró en el arcén. Las ruedas chirriaron al frenar unos metros por delante de donde estaba Amelia. El conductor, un hombre rudo con barba, se bajó del camión y le hizo señas para que Amelia subiera. La chica fingió andares de hombre y, una vez se acomodó en la cabina, se abrazó a su mochila y dejó que fuera el camionero quien hablara. El conductor le dijo que le extrañó ver las luces, que pensó que alguien había tenido un accidente, y por eso paró. Le contó que venía desde Alicante con el camión y que iba camino de Cáceres. Pararía en Toledo, a entregar parte de la mercancía y seguiría su camino.

Amelia dio gracias al cielo de que ese hombre hubiera aparecido, era como un ángel sobre ruedas. Ella también tenía una mercancía que entregar en Toledo. A la mañana siguiente iría a la cafetería La Nube y le contaría a Arturo su hallazgo. Antes, pasaría por su casa y pondría los objetos en un lugar seguro. Le pediría a Valentina que le permitiera usar su caja fuerte.

Resumen del capítulo catorce

Amelia huyó del pueblo con algunos objetos en su mochila y se dirigió a la carretera. Allí hizo las señas de SOS con su linterna, tres destellos cortos, de tres destellos largos y tres destellos cortos. Un camionero paró, extrañado por los destellos y le llevó hasta Toledo. Amelia pensó que a la mañana siguiente iría a ver a Arturo. Antes tenía que ir a su casa y pondría en un lugar seguro los objetos.

Chapter fourteen summary

Amelia ran away from the village with some items in her backpack and headed for the road. There she made the sign of SOS with her flashlight, three short flashes, three long flashes and three short flashes. A truck driver stopped, surprised by the flashes and took her to Toledo. Amelia thought she would go and see Arthur the next morning. Before, she had to go to her house and put the objects in a safe place.

Capítulo quince

Amelia llegó a su casa de madrugada. El camionero amable le había dejado al otro lado del puente de San Martín y la chica había tenido que cruzarlo para llegar hasta el barrio donde vivía. Aunque no estaba muy lejos, Amelia estaba muy cansada y le parecía que las calles no se acababan nunca.

Una vez abrió la puerta de su vivienda, se sintió a salvo de todo peligro. Era como si hubiera llegado a su refugio, a un lugar donde nada malo podía pasarle. Lo primero que hizo fue meter los objetos en una bolsa de la compra. Después, los escondió debajo de su cama. Se tumbó y, al poco, se quedó dormida.

Por la mañana, tras asearse y desayunar, cogió la bolsa con los objetos y se fue al piso de Valentina. Allí, su perro no paró de lamerle las manos, de rodearle mientras ladraba de felicidad. La anciana escuchó el relato de lo sucedido y tuvo un mal pensamiento.

—Ahora debes andar con mucho cuidado, esa gente es peligrosa —le advirtió Valentina, muy seria, mientras guardaba la bolsa en su caja fuerte.

La anciana se dirigió al cuarto de baño. Allí cogió vendas, alcohol y algodón y se dispuso a curar los rasguños que Amelia tenía en la cara. Amelia no recordaba en qué momento se los había hecho, pero reconoció que podía haber sido mientras se arrastraba por el suelo o mientras bajaba por las escaleras del molino hasta el sótano. La chica emitía una exclamación de dolor cada vez que Valentina pasaba el algodón empapado de alcohol por las heridas.

Tras curarle las heridas, Valentina hizo sentarse a la chica en el salón. Amelia llevaba en la mirada todo el frío de la noche, todo el frío de febrero, junto al miedo que había pasado en el molino la noche anterior.

—Deberías descansar, querida —dijo la anciana.

—Ni pensarlo, debo ir ahora mismo a hablar con Arturo. Antes pasaré por una de esas tiendas donde revelan las fotografías al instante y se las enseñaré. Así podrá decirme si esos objetos que he robado desvelan el secreto del molino —respondió Amelia muy decidida.

—Esta bien, pero prométeme que vas a tener mucho cuidado —le dijo Valentina mientras depositaba un beso en la mejilla de la joven.

—Te lo prometo —respondió Amelia, ya casi con un pie en la calle.

Amelia recordó que cerca del kiosco donde solía comprar la prensa, había una tienda de fotos que revelaban las fotos al instante. Para llegar hasta la tienda, debía pasar por varios callejones. A esas horas no había mucha gente por la calle.

Ya en la tienda, saludó a la dependienta.

Amelia: buenos días, quería revelar un par de fotografías.

Dependienta: buenos días. ¿Qué tamaño vas a querer?

Amelia: el tamaño de diez por quince centímetros.

Dependienta: el acabado ¿lo quieres en brillo o en mate?

Amelia: en brillo.

Dependienta: muy bien, pues en unos diez minutos las tendrás. Si quieres puedes esperar aquí o volver dentro de un rato.

Amelia: prefiero esperar aquí, tengo un poco de prisa y además hace mucho frío para estar paseando por la calle.

Dependienta: pues si te parece te voy cobrando. Mira, serán en total cien pesetas.

Amelia: Vale, pues aquí tienes.

Pasados unos pocos minutos, la dependienta entregó a Amelia un sobre con las fotografías de los objetos en su interior. Se despidieron y Amelia caminó hacia la cafetería La Nube, donde esperaba reunirse con Arturo.

Resumen del capítulo quince

Amelia llegó a su casa de madrugada, guardó los objetos debajo de la cama y descansó. Al día siguiente fue a casa de Valentina, donde guardó los objetos en la caja fuerte. Después salió de casa para buscar de una tienda de revelado de fotografías, antes de reunirse con Arturo. Una vez tuvo las fotos reveladas, se dirigió hacia la cafetería La Nube.

Chapter fiveteen summary

Amelia arrived at her house at dawn, put the things under the bed and rested. The next day, she went to Valentina's house, where she stored the items in the safe. Then she left the house to look for a photo-developing shop, before meeting Arturo. Once she had the photos revealed, she headed for La Nube cafeteria.

Capítulo dieciséis

Arturo salió de la trastienda de la cafetería en cuanto vio entrar, por la cámara de seguridad, a Amelia. La saludó con un par de besos y se sentaron en una de las mesas más alejadas de la calle, en donde tendrían algo más de intimidad para hablar de la investigación.

Amelia estaba más tranquila junto a Arturo, y le contó todo lo sucedido desde que se subió al autobús dirección Mancha del Campo y le mostró las fotografías.

Arturo miró detenidamente las fotografías sin hacer ningún comentario durante cerca de cinco minutos. Él tenía conocimientos de arqueología y, debido a su trabajo, estaba al corriente de los objetos robados en museos.

Arturo: Amelia… estas piezas son muy importantes. ¿Dices que estaban en el molino, junto a otras? De ser cierto lo que me parecen, estaríamos ante un importante alijo de piezas arqueológicas, seguramente destinadas al tráfico ilegal.

Amelia: así es Arturo, el sótano del molino estaba lleno de cajas, dentro de las cuales, multitud de piezas aguardaban quién sabe qué.

Arturo: seguramente aguardaban un comprador. Esos hombres que recibió Candelario, los de los coches de lujo, eran sus futuros dueños. Ilegales, claro, porque estas piezas pertenecen a museos. Esa gente maneja grandes fortunas y no es raro que lleven coches caros.

Amelia: Arturo, quiero que sepas que la máscara y el peine que ves en las fotografías están en mi poder.

Arturo: has corrido un riesgo muy alto, si esa gente se entera podrían actuar despiadadamente, no se andan con juegos de niños. Necesito ver las piezas. Yo y un colega experto en estos temas. Solo si él las ve, podremos determinar si son verdaderas o falsificaciones.

Arturo se alejó sin decir nada y se metió en la trastienda. Amelia permaneció sentada, esperando. Cuando Arturo regresó fue tajante.

Arturo: trae esas piezas hoy, a las seis, y dirígete directamente a la trastienda. Allí te estaremos esperando yo y el profesor Florencio Arca de la Fuente. Es toda una eminencia en arqueología, un buen amigo mío.

Amelia tuvo miedo de llevar por la calle esos objetos que parecían tan importantes. Si alguien la había estado siguiendo, seguramente no perdería la ocasión de quitárselos. Debía actuar con cautela y ser muy prudente. Valentina le aconsejó que no llevara ninguna bolsa ni nada que delatara el transporte de los objetos, que era mejor que los guardara bajo su ropa. En invierno, bajo el abrigo, nadie sospecharía. El peine era muy fácil de esconder y lo guardó dentro de su bolso, y la máscara, de un tamaño mayor, la transportó debajo de su abrigo.

Así fue como entró en la trastienda.

El lugar era más un despacho de detective que la parte trasera de una cafetería. Había una mesa de despacho, con un flexo que derramaba una luz directa sobre la madera caoba [MAHOGANY] del mueble. Detrás, multitud de archivadores se disponían por orden alfabético, y frente a la mesa una pantalla por la que Arturo veía entrar y salir a sus clientes.

El profesor Florencio era un hombre muy mayor. Sentado frente a Arturo en una silla, apoyaba una de sus manos sobre la mesa y con la otra sujetaba un bastón. Arturo le puso al corriente de lo sucedido y le mostró los objetos que Amelia ya había sacado de debajo de su abrigo y de su bolso.

El profesor se cambió de gafas. Con las nuevas, los ojos se le veían enormes, eran una auténtica lupa [MAGNIFYING GLASS]. Don Florencio pasó largo rato mirando los objetos. Se deleitaba con su tacto, con cada incrustación, con cada piedra. Finalmente, abrió la boca y con una voz aflautada aseguró que estaban ante auténticas piezas arqueológicas.

—La máscara es de origen sumerio —dijo—, y fue robada hace tan solo dos meses del museo donde la conservaban. El peine de marfil con incrustaciones de malaquita es de origen egipcio y seguramente pertenece al ajuar funerario de un faraón. Ambas piezas han sido reclamadas por el Servicio de Conservación del Patrimonio y en ambos casos hay abierta una investigación. Me pondré en contacto con el responsable de la brigada que lleva el caso y le informaré de que tenemos las piezas.

—Amelia, la felicito por su trabajo— determinó el profesor —.Pero esto aún no ha terminado. Prepárese para viajar de nuevo hasta Mancha del Campo, deberá colaborar con la policía y decirles el lugar exacto en el que se encuentra el molino.

Amelia abrazó a Arturo, se sentía muy feliz. Había conseguido resolver el secreto del molino. Ahora sabían porqué la familia Estriba del Huerto no quería deshacerse del molino: era la tapadera ideal para el negocio que les estaba haciendo amasar grandes cantidades de dinero. Además, devolverían las piezas a sus respectivos museos y desmantelarían la red de tráfico de restos arqueológicos más grande del país.

FIN

Resumen del capítulo dieciséis

Amelia mostró las fotografías a Arturo y él dijo que necesitaba que el profesor Florencio Arca de la Fuente las viera. El profesor aseguró que eran piezas auténticas, que habían sido robadas de museos. Felicitó a Amelia por su trabajo. Amelia debería indicar a las autoridades dónde estaba el molino exactamente.

Amelia abrazó a Arturo. Estaba muy contenta. Ella había conseguido averiguar el secreto del molino, por qué la familia Estriba del Huerto no quería venderlo. La red ilegal de tráfico de restos arqueológicos del país tenía los días contados.

Chapter sexteen summary

Amelia showed the pictures to Arturo and he said that he needed Professor Florencio Arca de la Fuente to see them. The professor said they were authentic pieces, which had been stolen from museums. He congratulated Amelia for her work. Amelia should tell the authorities where the windmill was exactly.

Amelia hugged Arthur. She was very happy. She had managed to find out the secret of the windmill and why the family Estriba del Huerto did not want to sell it. The illegal network of traffic of archaeological remains of the country had the days counted.

Material extra

VOCABULARIO/VOCABULARY

A

A pesar de: despite.

Abandonar: to abandon.

Abrazarse: to hug.

Abrigo: coat.

Abrir: to open.

Abrumado/a: overfaced.

Aburrirse: to get bored.

Acaloradamente: heatedly.

Acariciar: to caress.

Acercarse: to get close.

Acomodarse: to become accustomed to.

Actuar: to act.

Acumularse: to accumulate.

Acusar: to accuse, to charge (legal).

Adivinar: to guess.

Adjuntar: to attach.

Admirador: fan.

Admirar: to admire.

Admitir: to accept.
Adorable: adorable.
Adorar: to adore.
Advertir: to advice.
Aficionar: to get (somebody) interested in.
Aflautada/o: flute-like.
Afortunado: lucky winner.
Afuera: outside.
Agente: agent.
Agradecer: to thank.
Agua: water.
Aguzar: to prick up (ears), to sharpen (senses).
Ajuar funerario: grave goods.
Ala/s: wing/s.
Alargar: to stretch on.
Alcohol: alcohol.
Alegrarse: to be happy.
Alejarse: to get away from.
Algodón: cotton.
Alma/s: soul/s.
Amable: friendly.
Amasar fortuna: to amass a fortune.

Ambiente: environment.
Ambos: both.
Amenazador: threatening.
Amenazar: to threaten.
Amigo/s: friend/s.
Amor: love.
Amuleto/s: amulet/s, good-luck charm/s.
Anatomía: anatomy.
Anchoa/s: anchovy/ anchovies.
Anciano/a: old man/ old woman.
Andén/ andenes: platform/ platforms.
Animadamente: animatedly.
Animal/ animales: animal/s.
Anochecer: to get dark.
Antaño: in the past.
Antiguo/s: ancient.
Anunciar: to announce.
Anuncio: advertisement.
Añadir: to add.
Aparecer: to appear.
Apasionar: to be passionate about.
Apearse de: to get off.

Apoyar: to rest.
Apreciar: to appreciate.
Apremio: urgency.
Aprender: to learn.
Apresurar: to hurry up.
Apretón de manos: handshake.
Aprobar: to pass.
Apuntar: to write down.
Arañazo/s: scratch/s.
Archivo/s: archive/s.
Arqueológico/s: archaeological.
Arrastrase: to drag.
Arruga/s: wrinkle/s.
Artífice: author.
As: ace.
Ascensor: elevator.
Asegurarse: to ensure.
Asesinato: murder.
Asiento/s: seat/s.
Aspa/s: blade/s:
Astucia: astuteness.
Astuto/a: astute.

Asustarse: to take fright.

Atar cabos: to tie up loose ends.

Atender: to attend to.

Aterrorizar: to be terrified.

Atlas: atlas.

Atrapar: to catch.

Aullido/s: howl/s.

Auricular/es: earphone/s.

Autobús/autobuses: bus/es.

Aventurarse: to take a risk.

Aventura/s: aventure/s.

Averiguar: to discover.

Avisar: to notify.

Ayudar: to help.

Azul marino: navy blue.

Azúcar: sugar.

Azúcar moreno: brown sugar.

B

Bailarina/s: dancer/s.

Bajarse (de metro, autobús): to get off.

Baldosa/s: floor tile/s.

Barato/s: cheap.

Barra/s: bar/s, counter/s.

Barrio judío: Jewish quarter.

Barrita/s de chocolate: chocolate bar/s.

Bastón/ bastones: walking stick/s.

Bata/s: housecoat/s.

Batir las alas: to flap wings.

Beber: to drink.

Bigote/s: mustache/s.

Billete/s (transporte): ticket/s, passage/s.

Bocacalle: street entry. / Side street

Bocadillo/s: sandwich/ sandwiches.

Bolsa de deporte: sports bag.

Bolsillo/s: pocket/s.

Bolso/s: handbag/s.

Bolígrafo/s: pen/s.

Bombero/s: firefighter/s.

Bombón/bombones: chocolate/s.

Botella/s: bottle/s.

Brazalete/s: bracelet/s.

Brazo/s: arm/s.

Brigada: brigade.
Brillo: brightness.
Brindar: to toast.
Broma/s: joke/s.
Bufanda/s: scarf/ scarves.
Bullicio: hubbub.
Buscar: to look for.
Buzón/ buzones de correos: postbox/ postboxes.

C

Caballero/s: knight/s.
Cabeza/s: head/s.
Cabina/s de teléfono: telephone box/ telephone boxes.
Caer: to fall.
Café/s con leche: coffee/s with milk.
Caída/s: fall/s.
Caja/s fuerte/s: strongbox/ strongboxes.
Calamar/es: squid/s.
Calcular: to reckon, to suppose, to calculate.
Caldo/s (para sopa): soup.
Callejero: street map.

Callejón/callejones: alleyway/s.

Calmar: to calm.

Cámara de seguridad: security camera.

Cámara fotográfica: camera.

Camarero/s: waiter/s.

Cambiar: to change.

Caminar: to walk.

Camino: road.

Campanilla/s: small bell/s.

Campo/s: field/s.

Candidato/a: candidate.

Cansado/a: tired.

Caoba: mahogany.

Cara (cuerpo): face.

Cara (costosa): expensive.

Cariños: cuddles.

Cariñoso: loving.

Carretera/s: carriageway/s.

Caso/s: case/s.

Casona/s: mansion/s, large house/s.

Castillo/s: castle/s.

Catedrático/s: professor/s.

Cautela:caution.

Cazadora/s: jacket/s.

Celebrar: to celebrate.

Cena/s: dinner/s.

Cerrada/o: closed.

Cerrar: to close.

Cheque/s: cheque/s.

Chillido/s: scream/s.

Chirriar: to squeak, to creak.

Churro/s: churro/s.

Cicatriz/ cicatrices: scar/s.

Cielo: heavens, sky.

Ciudad/ es: city/ cities.

Clave/s: key/s.

Cliente: customer.

Coartada/s: alibi/s.

Cobertizo/s: shed/s.

Cobrar: to collect.

Cocinar: to cook.

Codo/s: elbow/s.

Coger (autobús, taxi, metro): to get on, to board.

Coleccionable/s: collectible/s.

Coleccionar: to collect.

Colega: mate.

Colgar: to hang.

Colgar (el teléfono): to hang up.

Colina/s: hill/s.

Colocarse: to place.

Colonia: cologne.

Combinación: combination.

Comentar: to commentate on.

Comenzar a (+ infinitivo): to start to (+ infinitive).

Comercial/es: commercial/s.

Cometer una imprudencia: to commit an imprudence.

Cómoda: chest of drawers.

Compartimento/s: compartment/s.

Compañía: company.

Compendio/s: compendium/s.

Complexión/es: constitution/s.

Cómplice: accomplice.

Comprador/es: purchaser/s.

Comprar: to buy.

Comprender: to understand.

Comprobar: to check.

Concertar (una cita): to make an appointment.
Conductor/es: driver/s.
Confesar: to confess.
Confianza: confidence.
Confiar: to trust.
Confidencial: confidential.
Confidente: confidant.
Confirmar: to confirm.
Conocedor: knowledgeable.
Conocer: to know.
Conseguir: to get.
Consigna: left-luggage.
Consistir: to consist in.
Constantemente: constantly.
Contrabando: contraband.
Construcción medieval: medieval construction.
Consultar: to consult.
Consumición: consumption.
Contable: accounting.
Contar: to relate.
Contar con: to count on.
Contenido: contents.

Convencer: to persuade.
Conversar: to talk.
Convertir: to make into, to convert into.
Convivir: to live with.
Copa: glass.
Copo/s de nieve: snowflake/s.
Corazón: heart.
Corriente: ordinary.
Corroborar: to corroborate.
Cortar: to cut.
Cosecha: harvest.
Creer: to believe.
Cremallera/s: zip/ zippers.
Cristiana: Christian.
Crucigrama/s: crossword/s.
Cráneo/s: cranium/s.
Cuaderno/s: notebook/s.
Cuenta/s (bola pequeña): bead/s.
Cuento/s: tale/s.
Cuestionario/s: questionnaire/s.
Cuidarse: to take care of.
Cumplir: to fulfil.

Cuneta/s: ditch/ ditches.
Cuota: fees.
Curar: to treat.
Curioso: curious.
Cursiva: italics.
Curtida: weather-beaten.

D

Dar el perfil: to qualify.
Dar gracias: to thank.
Dar formación: to provide training.
Dar importancia: to attach importance to.
Dar la sensación: to have a feeling that.
Dar un bote (asustarse): to startle.
Dar un consejo: to give advice.
Dar un sorbo: to slurp.
Darse prisa: to hurry up.
Darse cuenta de: to realize.
Dársena: dock.
Decepción: disappointment.
Decidir: to decide.

Decir: to say.
Decisiva: deciding.
Declarar: to declare.
Decorar: to decorate.
Dedicar (a una tarea): to occupy.
Dedicarse: to work as.
Deducir: to deduce.
Defenderse: to defend.
Dejar (algo): to leave (somethin) behind.
Delatar: to denounce.
Delicado: delicate.
Demandar: to demand, to sue.
Dependienta: saleslady.
Deportivas (zapatillas): athletic shoes.
Depositar: to deposit.
Deprisa: quickly.
Derramar: to spill.
Desaparecer: to disappear.
Desarrollar: to develop.
Desarticulación: dislocation.
Desayunar: to have breakfast.
Descansar: to rest.

Descatalogado/s: discontinued

Descender: to descend.

Descifrar: to decode.

Desconfiada: suspicious.

Desconocido: unknown.

Descubrimiento: discovery.

Descubrir: to discover.

Descuidar: to neglect.

Desear: to wish.

Desechar: to discard.

Desentonar: to dissonant.

Desgana en el trabajo: unwind at work.

Deshacerse: to undo.

Desierta: empty .

Desmayarse: to faint.

Desorientar: to disorient.

Despacho: office.

Despertarse: to wake up.

Despiadadamente: ruthlessly.

Destartalado: ramshackle, rundown.

Destello/s: flash/es.

Destino: destination.

Devolver: to give back.
Dibujarse: to show up.
Dirigirse: to go, to walk.
Disculpar: to excuse.
Disimular: to dissimulate.
Disparar: to shoot.
Disponer: to provide.
Disposición: provision.
Divisar: to descry.
Doblar: to bend.
Documento de ingreso: entry document.
Dormir: to sleep.
Ducharse: to have a shower.
Dudar: to doubt.
Dueña: owner.

E

Echar de menos: to miss.
Echarse novio: to get boyfriend.
Edificio: building.
Eminencia: leading light.

Emitir facturas: to issue invoices.

Emocionada: excited.   Empañarse - get steamed up/misty

Empezar: to start.

Empleo: job.

Empujar: to push.

Encantar: to love.

Encender (luz): to turn on (light)

Encontrar (algo, a alguien): to find (something, someone).

Encontrarse (en un lugar): to meet (in a place).

Enfermo: sick.

Enfrentarse: to face.

Engañar: to trick.

Enorme: huge.

Enseñar: to teach.

Entender: to understand.

Entorpecer: hinder.

Entrada: entry.

Entrañable: close.

Entregar: to deliver.

Entusiasmo: enthusiasm.

Enviar: to send.

Enérgico: energetic.

Escalera: stairs.
Escondida: hidden.
Escribir: to write.
Escritorio: desk.
Escuchar: to hear.
Esfuerzo: effort.
Especialista: specialist.
Esperar: to wait.
Espiar: to spy.
Estación de autobuses: bus station.
Estado civil: civil status.
Estanco: government store.
Estanterías: shelves
Estar: to be.
Estatua: statue.
Estilo rústico: rustic style.
Estrechar la mano: to shake hands.
Estufa: stove.
Estupendo: great.
Exclamar: to exclaim.
Excusa: excuse.
Excéntrica: eccentric.

Éxito: success.

Explicar: to explain.

Extrañarse: to be surprised .

F

Falsificación/falsificaciones: forgery/ forgeries.

Fajo: wad.

Fantasma/s: ghost/s.

Faraón: pharaoh.

Fecha de nacimiento: birthdate.

Felicidad: happiness.

Felicitar: to congratulate.

Feliz: happy.

Fiesta de cumpleaños: birthday party.

Figura (corporal): figure.

Figura (personaje): figure.

Finalizar: to finish.

Fingir: to pretend.

Flexo: reading lamp.

Folleto: brochure.

Fotomatón: photomaton.

Forcejear: to struggle.

Formarse: to form.

Formulario: form, questionnaire.

Forrar: to make a killing. (*Forrarse* - line one's pockets / to line / cover / upholster. *Forrado/la* - lined or (fam) well-heeled)

Frenar: to brake, to stop.

Frente (cara): forehead.

Frío: cold.

Fuerza: strength.

G

Gabardina: trench coat.

Gachas: oatmeal.

Gafas: glasses.

Galgo: greyhound.

Gato: cat.

Girar: to turn.

Golondrina/s: swallow/s.

Gorro: hat.   *La gota - droplet; bead.*

Gozne/s: hinge/s.

Graduarse: to graduate.

Granate: garnet.

Guardar: to save.

Guardar cola: to save queue.

Guiso: stew.

Guiñar un ojo: to wink an eye.

Gustar: to like.

H

Hablador: talkactive.

Hablar: to talk.

Hacer ejercicio: to exercise.

Hacer preguntas: to ask questions.

Hacer una entrevista: to make an interview.

Hacerse: to be made

Hacerse eco: to talk about.

Halcón/ halcones: falcon/s.

Hallazgo: discovery.

Hastío: boredom.

Haz: beam.

Hebrea: Hebrew.
Herida/s: wound/s.
Hueco: hole.
Hueso/s: bone/s
Huir: to run away.

I

Identificarse: to identify.
Impedir: to prevent.
Impresionar: to impress.
Incluido: included.
Incomodar: to inconvenience.
Incrédula: sceptical.
Indicaciones: indications.
Indicar: to indicate.
Ingeniar: to engineer.
Inmersa: immersed.
Inscripción/ inscripciones: inscription/s.
Insistir: to insist.
Inspirar: to inspire.

Intentar: to try.
Investigar: to research.
Invitado: guest.
Ir: to go.
Ir a (+infinitivo): to go to (+infinitive)
Irreconocible: Unrecognizable

J

Jamón serrano: serrano ham.
Jardinera: gardener.
Jardinería: gardening.
Jefe: boss.
Jornada laboral: workday.
Joya: jewel.
Jubilado: retired.
Jugar: to play.

K

Kiosco: newsstand.

L

Ladera: hillside.
Ladrar: to bark.
Ladrón: thief.
Lágrima/s: tear/s.
Lamentar: to regret.
Lamer: to lick.
Lámpara/s: lamp/s.
Lana: wool.
Lanzar: to throw.
Lavabo: toilet.
Llave maestra: master key.
Leer: to read
Legado: legacy.
Legítimo propietario: legitimate owner.
Lentes: glasses.
Levantar (el auricular): to pick up.
Limpiar: to clean.   libreta (f.) - notebook.
Linterna: torch.
Liso: smooth.
Llamar: to call.

Llamar la atención: to draw attention.

Llegar: to arrive.

Llenar: to fill in.

Llevar: to carry.

Lluvias: showers.

Localizar: to locate.

El local - place; site; premises.

Lujo: luxury.

Luna: moon.

Lupa: magnifying glass.

M

Madera: wood.

Madrugada: dawn.

Maestro: teacher.

Magdalenas: muffins.

Malaquita: malachite.

Malestar: to discomfort.

Manga: sleeve.

Mantener: to keep.

Un mantel - tablecloth.

Mapa/s: map/s.

Marca: hallmark.

Marcar: to mark.   *marchando – coming up.*
Marchar – to go; proceed

Marfil: ivory.

Marquesina: marquee.

Máscara: mask.

Mascota/s: pet/s

Matar: to kill.

Mate: matte.

Mechero: lighter.

Mediar palabra: to pronounce word.

Mediocre: mediocre.

Megafonía: public address system.

Mejilla: cheek

Memorizar: to memorize.

Menta: mint.

Mente: mind.

Mentir: to lie.

Mercancía: merchandise.

Merecer: to deserve.

Merecer la pena: to be worth the effort.

Mero: simple.

Meterse en: to get into.

Miedo: fear.

Mirada: look.

Mirar: to look.

Mirarse (en el espejo): to look at yourself.

Mirilla: peephole.

Mochila: backpack.

Moler: to grind.

Molinos de viento: windmills.

Montón/ montones: heap.

Mostrar: to show.

Motivación: motivation.

Motivo: reason.

Mover: to move.

Mudarse: to move.

Muralla/s: wall/s.

Murciélago/s: bat/s.

Musulmana: muslim.

Muñeca: wrist.

N

Nadar: to swing.
Navaja: razor.
Necesitar: to need.

Negarse: to decline.

Nervioso: nervous.

Nevada: snowfall.

Nevar: to snow.

Niebla/s: fog/s.

Nieve: snow.

Normalmente: as usual.

Novela/s: novel/s.

Nube: cloud.

O

Obligada/o: obliged.

Observador/a: observant.

Observar: to observe.

Obviamente: obviously.

Ocultar: to hide.

Ocupar: to occupy

Oficio: job.

Ojo/s: eye/s.

Oír: to hear.

Olivos: olive trees.

Olor: smell.

Olvidar: to forget.

Operario/s del ayuntamiento: worker/s of the local government.

Ordenar: to order.

Organizado: organized.

Oro: gold.

Oscuro/a: dark.

Oscuridad: darkness.

P

Pacífica: calm.

Pagar: to pay.

Pala: shovel.

Pantalones: trousers.

Paquete de tabaco: tobacco pack.

Parar: to stop.

Paraíso: paradise.

Parecer: to seem.

Pared/es: wall/s.

Pasar (al interior): to go ahead.

Paseo matutino: morning walk.

Pasmo: shock.

Paso/s: step/s.

Pastelería: pastry.

Patrimonio: heritage.

Payaso: clown.

País: country.

Pedir: to ask.

Pelea: fight.

Peligro: danger.

Pelota: ball.

Peluca: wig.

Peluquera: hairdresser.

Pendiente: slope.

Pensamiento: thought.

Pensar: to think.

Perder: to lose.

Perfumería: perfumery.

Periódico: newspaper.

Permitir: to allow.

Perseguir: to chase.

Pertenecer: to belong.

Pesar: to weigh.

Pierna: leg.
Pieza/s: piece/s
Pintar: to paint.
Piscina: pool.
Pista de esquí: ski slope.
Pistola: gun.
Plano de la ciudad: street map.
Plata: silver.
Platos típicos: tipycal food.
Plaza: square.
Poder: to can/ to be able.
Poner: to put.
Ponerse nervioso: to get nervous.
Portal: vestibule.
Precavida: prudent.
Precio: price.
Preguntar: to ask.
Preocuparse: to worry.
Preparase: to get ready.
Presencia: presence.
Presentarse (algo ante alguien): to introduce oneself.
Previsión meteorológica: weather forecast.

Prisa/s: hurry/ hurries.
Privar: to deprive.
Probar suerte: to try luck.
Profesor: teacher.
Prometer: to promise.
Propaganda: advertising.
Propicias: propitious.
Propiedad: property.
Proseguir: to pursue.
Proteger: to protect.
Provisión/ provisiones: supply/ supplies.
Proyecto/s: project/s.
Prudencia: prudence.
Pueblo: town.
Puente: bridge.
Pulsera: bracelet.

Q

Quedar con: to arrange with.
Quedarse: to stay.
Quedarse quieta: to stay still.

Quehacer: what to do.

Querer: to want.

Querida: dear.

Quitar: to remove.

R

Rabo: tail.

Rara: rare.

Rareza: rarity.

Rasgos: features.

Razón: reason.

Realizar: to make.

Recibir: to receive.

Recién hechos: freshly made.

Reclamar: to demand.

Recoger: to collect.

Reconocer: to recognize.

Recordar: to remember.

Recorrer: to go over.

Red: net.

Redonda: round.

Reducir a alguien: to subdue someone.

Referirse: to refer

Refrescar: to refresh.

Refresco: soft-drink, soda.

Refugio: refuge.

Regresar: to return.

Reír: to laugh.

Relatar: to tell.

Relato: story.

Rellano: landing.

Rellenar: to fill.

Reloj: clock.

Reparar (en algo): to take note of.

Reparo: qualm.

Repartidor: delivery man.

Reprimir: to suppress.

Requisar: requisition.

Requisitos: requirements.

Resbalar: to slide.

Reservada: reserved.

Resolver un caso: to resolve a case.

Respaldo: back.

Responder: to answer.

Respuesta: answer.

Resultar: to result.

Retrasar: to delay.

Reunirse: to get together.

Revelar (fotos): to develop.

Rico: rich.

Río: river.

Robar: to steal.

Roer: to gnaw.

Romperse: to break.

Rudo: crude, rude.

Rutina: routine.

S

Saber: to know.

Sabiduría: wisdom.

Sacar a pasear: to take a walk.

Sacarina: saccharin.

Sacarse una foto: to take a picture.

Salir: to get out.

Salir a correr: to go for a run.

Salir airosa de una situación: to get out of a situation.

Salir de dudas: to leave doubts.

Saludar: to greet.

Salvar: to save.

Sangre: blood.

Santo y seña: password, countersign.

Seguir: to follow.

Sello: stamp.

Sentarse: to sit down.

Sentir: to feel.

Sentir hambre: to feel hungry.

Sentirse a gusto: to feel comfortable.

Seña/s: gesture/s.

Ser capaz de : to be capable of.

Ser precavido: to be cautious.

Serpiente: snake.

Servicios de señoras: ladies toilets.

Servir: to serve.

Sexo: sex.

Siesta: nap.

Siglo: century.

Significar: to mean.

Signo/s: sign/s.

Silueta: silhouette.

Sinagoga: synagogue.

Sincero/a: sincere, true.

Situar: to place.

Sobre: envelope.

Socia: partner.

Sola: alone.

Soledad: loneliness.

Soler: to be accustomed to, to used to (in past).

Solicitar: to request.

Solitaria: lonely.

Soltera: single.

Solucionar: to solve.

Sombrero: hat.

Sonar: to sound.

Sonreir: to smile.

Sorprender: to surprise.

Sospechar: to suspect.

Sótano: basement.

Subir: to go up.

Subterránea/o: underground.

Sucia: dirty.

Sueño/s: dream/s.

Sujetar: to hold.

Suponer: to suppose.

Suspender: to cancel, to fail.

Sustraer: to subtract.

T

Tajante: categorical.

Tallar: to engrave.

Tapadera: cover, front.

Taquilla: ticket office.

Techo: ceiling.

Tener: to have.

Tener ganas: to feel like.

Tener pérdida: to can't miss it.

Terciopelo: velvet.

Tienda: shop.

Tienda de disfraces: costume shop.
Tiritas: bandages.
Tocar: to touch.
Tocar el timbre: to ring the bell.
Tomar (algo): to take (something).
Tono grave: deep tone.
Torcida: crooked.
Torrija: French toast.
Tortilla de patata: Spanish omelete.
Tortuga: turtle, tortoise.
Trabajar: to work.
Trabajo: work.
Traje: suit.
Trampilla: trapdoor
Trastienda: backroom.
Tratar: to treat.
Tratarse: to be about.
Trigo: wheat.
Triunfar: to succeed.
Trámite: procedure.
Turno: turn.
Tímidamente: timidly.

U

Umbral: doorstep.

V

Vacía/o: empty.

Valiente: brave.

Valioso: appreciated, valuable.

Valor: courage.

Vaqueros: jeans.

Variar: to vary.

Vecino/s: neighbour/s:

Vela: candle.

Venda/s: bandage/s.

Venir bien: to be good for you.

Ventaja: advantage.

Ventanal/ventanales: large window/s.

Ventanilla/s: window/s.

Ventanuco/s: small window/s.

Ver: to see.

Verse en la obligación de (+ infinitivo): to feel obliged to (+ infinitive).

Vestir: to get dressed.

Viajar: to travel.

Vida/s: life/s.

Visitar: to visit.

Viñedo: vineyard.

Víveres: provisions.

Vocación: vocation.

Volver: to come back.

Vulgar: tasteless,common.

W

X

Y

Z

Zapato/s: shoe/s.

LÉXICO Y GRAMÁTICA / LEXICON AND GRAMMAR

CONJUGACIÓN VERBOS REGULARES (-AR, -ER, -IR)

1ª CONJUGACIÓN -AR: VERBO AMAR (TO LOVE)

MODO INDICATIVO FORMAS SIMPLES

Presente

(Yo) am**o**
(Tú) am**as**
(Él/ella/Ud.) am**a**
(Nosotros) amam**os**
(Vosotros) am**áis**
(Ellos/ellas/Uds.) am**an**

Pretérito imperfecto

(Yo) am**aba**
(Tú) am**abas**
(Él/ella/Ud.) am**aba**
(Nosotros) am**ábamos**
(Vosotros) am**abais**
(Ellos/ellas/Uds.) am**aban**

Futuro

(Yo) am**aré**
(Tú) am**arás**
(Él/ella/Ud.) am**ará**
(Nosotros) am**aremos**
(Vosotros) am**aréis**
(Ellos/ellas/Uds.) am**arán**

Condicional

(Yo) am**aría**
(Tú) am**arías**
(Él/ella/Ud.) am**aría**
(Nosotros) am**aríamos**
(Vosotros) am**aríais**
(Ellos/ellas/Uds.) am**arían**

Pretérito perfecto simple
(Yo) am**é**
(Tú) am**aste**
(Él/ella/Ud.) am**ó**
(Nosotros) am**amos**
(Vosotros) am**asteis**
(Ellos/ellas/Uds.) am**aron**

MODO SUBJUNTIVO FORMAS SIMPLES

Presente
(Yo) ame
(Tú) ames
(Él/ella/Ud.) ame
(Nosotros) am**emos**
(Vosotros) am**éis**
(Ellos/ellas/Uds.) am**en**
Pretérito imperfecto
(Yo) am**ara**
(Tú) am**aras**
(Él/ella/Ud.) am**ara**
(Nosotros) am**áramos**
(Vosotros) am**arais**
(Ellos/ellas/Uds.) am**aran**
Pretérito imperfecto
(Yo) am**ase**
(Tú) am**ases**
(Él/ella/Ud.) am**ase**
(Nosotros) am**ásemos**
(Vosotros) am**aseis**
(Ellos/ellas/Uds.) am**asen**
Futuro
(Yo) am**are**
(Tú) am**ares**
(Él/ella/Ud.) am**are**
(Nosotros) am**áremos**
(Vosotros) am**areis**
(Ellos/ellas/Uds.) am**aren**

IMPERATIVO FORMAS SIMPLES

am**a** (tú)
am**e** (él/ella/Ud.)
am**emos** (nosotros)
am**ad** (vosotros)
am**en** (ellos/ellas/Uds.)

Infinitivo: amar
Gerundio: amando
Participio: amado

MODO INDICATIVO FORMAS COMPUESTAS

Pretérito perfecto compuesto

(Yo) **he** amado
(Tú) **has** amado
(Él/ella/Ud.) **ha** amado o *(Él/ella/Ud.)* **hay** *amado*
(Nosotros) **hemos** amado
(Vosotros) **habéis** amado
(Ellos/ellas/Uds.) **han** amado

Pretérito pluscuamperfecto

(Yo) **había** amado
(Tú) **habías** amado
(Él/ella/Ud.) **había** amado
(Nosotros) **habíamos** amado
(Vosotros) **habíais** amado
(Ellos/ellas/Uds.) **habían** amado

Pretérito anterior
(Yo) **hube** amado
(Tú) **hubiste** amado
(Él/ella/Ud.) **hubo** amado
(Nosotros) **hubimos** amado

(Vosotros) **hubisteis** amado
(Ellos/ellas/Uds.) **hubieron** amado

Futuro perfecto

(Yo) **habré** amado
(Tú) **habrás** amado
(Él/ella/Ud.) **habrá** amado
(Nosotros) **habremos** amado
(Vosotros) **habréis** amado
(Ellos/ellas/Uds.) **habrán** amado

Condicional perfecto

(Yo) **habría** amado
(Tú) **habrías** amado
(Él/ella/Ud.) **habría** amado
(Nosotros) **habríamos** amado
(Vosotros) **habríais** amado
(Ellos/ellas/Uds.) **habrían** amado

Infinitivo compuesto: **haber** amado

Gerundio compuesto: **habiendo** amado

MODO SUBJUNTIVO FORMAS COMPUESTAS

Pretérito perfecto

(Yo) **hubiera** amado
(Tú) **hubieras** amado
(Él/ella/Ud.) **hubiera** amado
(Nosotros) **hubiéramos** amado
(Vosotros) **hubierais** amado
(Ellos/ellas/Uds.) **hubieran** amado

Pretérito pluscuamperfecto

(Yo) **hubiese** amado
(Tú) **hubieses** amado
(Él/ella/Ud.) **hubiese** amado
(Nosotros) **hubiésemos** amado
(Vosotros) **hubieseis** amado
(Ellos/ellas/Uds.) **hubiesen** amado

Futuro perfecto

(Yo) **hubiere** amado
(Tú) **hubieres** amado
(Él/ella/Ud.) **hubiere** amado
(Nosotros) **hubiéremos** amado
(Vosotros) **hubiereis** amado
(Ellos/ellas/Uds.) **hubieren** amado

2ª CONJUGACIÓN -ER: VERBO COMER (TO EAT)

MODO INDICATIVO FORMAS SIMPLES

Presente

(Yo) com**o**
(Tú) com**es**
(Él/ella/Ud.) com**e**
(Nosotros) com**emos**
(Vosotros) com**éis**
(Ellos/ellas/Uds.) com**en**

Pretérito imperfecto

(Yo) com**ía**
(Tú) com**ías**
(Él/ella/Ud.) com**ía**
(Nosotros) com**íamos**
(Vosotros) com**íais**
(Ellos/ellas/Uds.) com**ían**

Futuro

(Yo) com**eré**
(Tú) com**erás**
(Él/ella/Ud.) com**erá**
(Nosotros) com**eremos**
(Vosotros) com**eréis**
(Ellos/ellas/Uds.) com**erán**

Condicional

(Yo) com**ería**
(Tú) com**erías**
(Él/ella/Ud.) com**ería**
(Nosotros) com**eríamos**
(Vosotros) com**eríais**
(Ellos/ellas/Uds.) com**erían**

Pretérito perfecto simple

(Yo) com**í**
(Tú) com**iste**
(Él/ella/Ud.) com**ió**
(Nosotros) com**imos**
(Vosotros) com**isteis**
(Ellos/ellas/Uds.) com**ieron**

MODO SUBJUNTIVO FORMAS SIMPLES

Presente

(Yo) coma
(Tú) comas
(Él/ella/Ud.) coma
(Nosotros) comamos
(Vosotros) comáis
(Ellos/ellas/Uds.) coman

Pretérito imperfecto

(Yo) comiera
(Tú) comieras
(Él/ella/Ud.) comiera
(Nosotros) comiéramos
(Vosotros) comierais
(Ellos/ellas/Uds.) comieran

Pretérito imperfecto

(Yo) comiese
(Tú) comieses
(Él/ella/Ud.) comiese
(Nosotros) comiésemos
(Vosotros) comieseis
(Ellos/ellas/Uds.) comiesen

Futuro
(Yo) com**iere**
(Tú) com**ieres**
(Él/ella/Ud.) com**iere**
(Nosotros) com**iéremos**
(Vosotros) com**iereis**
(Ellos/ellas/Uds.) com**ieren**

MODO IMPERATIVO FORMAS SIMPLES

come (tú)
com**a** (él/ella/Ud.)
com**amos** (nosotros)
com**ed** (vosotros)
com**an** (ellos/ellas/Uds.)

<u>Infinitivo:</u> com**er**
<u>Gerundio</u>: com**iendo**
<u>Participio pasado</u>: com**ido**

MODO INDICATIVO FORMAS COMPUESTAS

Pretérito perfecto compuesto

(Yo) **he** comido
(Tú) **has** comido
(Él/ella/Ud.) **ha** comido o (Él/ella/Ud.) **hay** comido
(Nosotros) **hemos** comido
(Vosotros) **habéis** comido
(eElos/ellas/Uds.) **han** comido

Pretérito pluscuamperfecto

(Yo) **había** comido
(Tú) **habías** comido
(Él/ella/Ud.) **había** comido
(Nosotros) **habíamos** comido
(Vosotros) **habíais** comido
(Ellos/ellas/Uds.) **habían** comido

Pretérito anterior

(Yo) **hube** comido
(Tú) **hubiste** comido
(Él/ella/Ud.) **hubo** comido
(Nosotros) **hubimos** comido
(Vosotros) **hubisteis** comido
(Ellos/ellas/Uds.) **hubieron** comido

Futuro perfecto

(Yo) **habré** comido
(Tú) **habrás** comido
(Él/ella/Ud.) **habrá** comido
(Nosotros) **habremos** comido
(Vosotros) **habréis** comido
(Ellos/ellas/Uds.) **habrán** comido

Condicional perfecto

(Yo) habría comido
(Tú) **habrías** comido
(Él/ella/Ud.) **habría** comido
(Nosotros) **habríamos** comido
(Vosotros) **habríais** comido
(Ellos/ellas/Uds.) **habrían** comido

Infinitivo compuesto: **haber** comido

Gerundio compuesto: **habiendo** comido

MODO SUBJUNTIVO FORMAS COMPUESTAS

Pretérito perfecto

(Yo) **hubiera** comido
(Tú) **hubieras** comido
(Él/ella/Ud.) **hubiera** comido
(Nosotros) **hubiéramos** comido
(Vosotros) **hubierais** comido
(Ellos/ellas/Uds.) **hubieran** comido

Pretérito pluscuamperfecto

(Yo) **hubiese** comido
(Tú) **hubieses** comido
(Él/ella/Ud.) **hubiese** comido
(Nosotros) **hubiésemos** comido
(Vosotros) **hubieseis** comido
(Ellos/ellas/Uds.) **hubiesen** comido

Futuro perfecto

(Yo) **hubiere** comido
(Tú) **hubieres** comido
(Él/ella/Ud.) **hubiere** comido
(Nosotros) **hubiéremos** comido
(Vosotros) **hubiereis** comido
(Ellos/ellas/Uds.) **hubieren** comido

3ª CONJUGACIÓN -IR: VERBO VIVIR (TO LIVE)

MODO INDICATIVO FORMAS SIMPLES

Presente

(Yo) viv**o**
(Tú) viv**es**
(Él/ella/Ud.) viv**e**
(Nosotros) viv**imos**
(Vosotros) viv**ís**
(Ellos/ellas/Uds.) viv**en**

Pretérito imperfecto

(Yo) viv**ía**
(Tú) viv**ías**
(Él/ella/Ud.) viv**ía**
(Nosotros) viv**íamos**
(Vosotros) viv**íais**
(Ellos/ellas/Uds.) viv**ían**

Futuro

(Yo) viv**iré**
(Tú) viv**irás**
(Él/ella/Ud.) viv**irá**
(Nosotros) viv**iremos**
(Vosotros) viv**iréis**
(Ellos/ellas/Uds.) viv**irán**

Condicional

(Yo) viv**iría**
(Tú) viv**irías**
(Él/ella/Ud.) viv**iría**
(Nosotros) viv**iríamos**
(Vosotros) viv**iríais**
(Ellos/ellas/Uds.) viv**irían**

Pretérito perfecto simple

(Yo) viv**í**
(Tú) viv**iste**
(Él/ella/Ud.) viv**ió**
(Nosotros) viv**imos**
(Vosotros) viv**isteis**
(Ellos/ellas/Uds.) viv**ieron**

MODO SUBJUNTIVO FORMAS SIMPLES

Presente

(Yo) viv**a**
(Tú) viv**as**
(Él/ella/Ud.) viv**a**
(Nosotros) viv**amos**
(Vosotros) viv**áis**
(Ellos/ellas/Uds.) viv**an**

Pretérito imperfecto

(Yo) viv**iera**
(Tú) viv**ieras**
(Él/ella/Ud.) viv**iera**
(Nosotros) viv**iéramos**
(Vosotros) viv**ierais**
(Ellos/ellas/Uds.) viv**ieran**

Pretérito imperfecto

(Yo) viv**iese**
(Tú) viv**ieses**
(Él/ella/Ud.) viv**iese**
(Nosotros) viv**iésemos**
(Vosotros) viv**ieseis**
(Ellos/ellas/Uds.) viv**iesen**

Futuro

(Yo) viv**iere**
(Tú) viv**ieres**
(Él/ella/Ud.) viv**iere**
(Nosotros) viv**iéremos**
(Vosotros) viv**iereis**
(Ellos/ellas/Uds.) viv**ieren**

MODO IMPERATIVO FORMAS SIMPLES

viv**e** (tú)
viv**a**(él/ella/Ud.)
viv**amos** (nosotros)
viv**id** (vosotros)
viv**an** (ellos/ellas/Uds.)

Infinitivo: viv**ir**

Gerundio: viv**iendo**

Participio: viv**ido**

MODO INDICATIVO FORMAS COMPUESTAS

Pretérito perfecto compuesto

(Yo) **he** vivido
(Tú) **has** vivido
(Él/ella/Ud.) **ha** vivido o (Él/ella/Ud.) **hay** vivido
(Nosotros) **hemos** vivido
(Vosotros) **habéis** vivido
(Ellos/ellas/Uds.) **han** vivido

Pretérito pluscuamperfecto

(Yo) **había** vivido
(Tú) **habías** vivido
(Él/ella/Ud.) **había** vivido
(Nosotros) **habíamos** vivido
(Vosotros) **habíais** vivido
(Ellos/ellas/Uds.) **habían** vivido

Pretérito anterior

(Yo) **hube** vivido
(Tú) **hubiste** vivido
(Él/ella/Ud.) **hubo** vivido
(Nosotros) **hubimos** vivido
(Vosotros) **hubisteis** vivido
(Ellos/ellas/Uds.) **hubieron** vivido

Futuro perfecto

(Yo) **habré** vivido
(Tú) **habrás** vivido
(Él/ella/Ud.) **habrá** vivido
(Nosotros) **habremos** vivido
(Vosotros) **habréis** vivido
(Ellos/ellas/Uds.) **habrán** vivido

Condicional perfecto

(Yo) **habría** vivido
(Tú) **habrías** vivido
(Él/ella/Ud.) **habría** vivido
(Nosotros) **habríamos** vivido
(Vosotros) **habríais** vivido
(Ellos/ellas/Uds.) **habrían** vivido

Infinitivo compuesto: **haber** vivido

Gerundio compuesto: **habiendo** vivido

MODO SUBJUNTIVO FORMAS COMPUESTAS

Pretérito perfecto

(Yo) **hubiera** vivido
(Tú) **hubieras** vivido
(Él/ella/Ud.) **hubiera** vivido
(Nosotros) **hubiéramos** vivido
(Vosotros) **hubierais** vivido
(Ellos/ellas/Uds.) **hubieran** vivido

Pretérito pluscuamperfecto

(Yo) **hubiese** vivido
(Tú) **hubieses** vivido
(Él/ella/Ud.) **hubiese** vivido
(Nosotros) **hubiésemos** vivido
(Vosotros) **hubieseis** vivido
(Ellos/ellas/Uds.) **hubiesen** vivido

Futuro perfecto

(Yo) **hubiere** vivido
(Tú) **hubieres** vivido
(Él/ella/Ud.) **hubiere** vivido
(Nosotros) **hubiéremos** vivido
(Vosotros) **hubiereis** vivido
(Ellos/ellas/Uds.) **hubieren** vivido

ACERCA DE PALABRAS FEMENINAS Y MASCULINAS/ ABOUT FEMENINE AND MASCULINE WORDS

SIGNIFICADOS DIFERENTES PERO RELACIONADOS/ DIFFERENTS BUT RELATED MEANINGS

El manzano (árbol) - la manzana (fruto)/ Apple tree - apple
El cerezo (árbol) - la cereza (fruto)/ Cherry tree - cherry
El ciruelo (árbol) - la ciruela (fruto)/ Plum - plum
El ramo (de flores) - la rama (del árbol)/ Bouquet - branch
El partido (de fútbol) - la partida (de ajedrez)/ Match - game
El músico (persona) - la música (arte)/Musician - music

SIGNIFICADOS DIFERENTES/ DIFFERENTS MEANINGS

El capital (dinero)- la capital (ciudad)/ Capital (money) - capital (city)
El cura (sacerdote)- la cura (curación)/ Priest - cure
El coma (enfermedad)- la coma (ortografía)/ Coma (disease) - comma (orthography)
El batería (músico) - la batería (instrumental)/ Drummer - drum
El guía (persona) - la guía (libro)/ Guide - guidebook

LUGAR DE LOS ADJETIVOS / PLACE OF ADJETIVES

Los adjetivos pueden ir detrás del sustantivo. De esta manera el adjetivo diferencia y describe al sustantivo./ Adjetives can be place after noums. In this case, adjetives differentiates and describes noums.

No me gustan las flores rojas/ I dont´t like red flowers.

Los adjetivos pueden ir delante del sustantivo. De esta manera el adjetivo no diferencia al sustantivo. /Adjetives can be place before noums.In this case, adjetives docsn´t diffcrcntiatcs and dcscribcs noums.

Los salvajes lobos comen carne / Wild wolves eat meat.

Los adjetivos van delante del sustantivo cuando se usan de forma irónica (para expresar lo contrario a lo que se dice)./ Adjetives can be place before noums when they are used ironically (to indicate the opposite of what is said).

Valiente persona que no se enfrentó a los ladrones/ Brave person who did not face the thieves.

Los adjetivos pueden ponerse delante o detrás del sustantivo de manera optativa cuando se expresa un sentimiento. / Adjetives can be place before or after noums, optionally, when expresing a feeling.

Estos han sido unos días felices/ Estos han sido unos felices días. (These have been happy days).

Algunos adjetivos cambian su significado según acompañen al verbo ser o estar/ Some adjetives change theirs meaning depending be with "ser" or "estar"

Ser aburrido: person who doesn´t know how to have fun.

Estar aburrido: to have nothing to have fun.

Ser rico: to have a lot of money.

Estar rico: tasty.

Ser listo: to be smart.

Estar listo: to be ready.

EXPRESIONES IDIOMÁTICAS/ IDIOMATIC EXPRESSIONS

Hablar por los codos: hablar mucho, continuamente./ To talk a lot, continuously.

Pasar la noche en blanco: no poder dormir. / Can not sleep.

Hacerse la boca agua: desear una comida./ To wish a meal. p.26 'Aunque se me hace la boca agua)

Al gato mata la curiosidad: ser muy curioso puede resultar peligroso./ To be very curious can be dangerous.

Andar con cien ojos: Estar alerta./ To be alert.

De cabo a rabo: de manera completa./ Completely

Dedicarse en cuerpo y alma: poner todo tu empeño al realizar una tarea./ To use all your effort when doing a task.

Guardar un as en la manga: tener un recurso escondido./ To have a resource hidden.

FRASES HABITUALES/ COMMON PHRASES

• Dejar de + infinitivo: la acción que indica el infinitivo se abandona. (To stop, to give up)

> Ejemplo: Ella dejó de fumar/ She stopped smoking
>
> Él deja de jugar/ He stop playing.

• Llevar + gerundio+ tiempo: el desarrollo de una acción comenzó en el pasado y continúa en el presente. (To have been+-ing+for *time*)

> Ejemplo: Yo llevo estudiando español tres años/ I have been studying Spanish for three years.
>
> Él llevaba trabajando siete meses/ He had been working for seven months.

• ¡Qué bien!: Gread!

• ¡Qué rico!: Delicius!

• ¿No crees?: Don´t you think?

• ¿Qué desea tomar?/ ¿Qué te gustaría tomar?: What would you like to drink?

• Sí, por supuesto: Yes, of course.

• ¡No puede ser!: it can´t be.

- ¿Qué va a ser de ti?: What will become of you?
- Estar acostumbrada: to be accustomed.
- Estar admitido: To be admitted.
- Estar a gusto: to be comfortable.
- Estar al loro: to be informed.
- Estar concentrado: to being concentrated.
- Estar confusa: to be confused.
- Estar de acuerdo: to agree.
- Estar dispuesto a: to be willing to.
- Estar empañadas: to be fogged up.
- Estar en forma: to be in shape.
- Estar en juego: to be at stake.
- Estar informado: to be informed.
- Estar interesado en: to be interested in.

EJERCICIOS DE COMPRENSIÓN LECTORA/ READING COMPREHENSION EXERCISES

Escoge la respuesta correcta / Choose the correct answer

Ejercicios comprensión lectora capítulo uno/ Reading comprehension chapter one exercises

1.- ¿Qué animal tenía Amelia?

a) Un gato
b) Una serpiente
c) Un perro

2.- ¿Qué encontró Valentina en el buzón?

a) Tres facturas de bancos
b) Un anuncio de una escuela de detectives
c) Una carta de amor

3.-¿Por qué guardó el anuncio Amelia?

a) Porque quería dárselo a una amiga
b) Porque coleccionaba anuncios
c) Porque pensó que era la respuesta a su hastío laboral

Ejercicios comprensión lectora capítulo dos/ Reading comprehension chapter two exercises

4.- ¿Quién contestó al teléfono?

a) Arturo, el profesor de la escuela de detectives Buenavista
b) Nadie respondió
c) Valentina

5.- ¿Dónde quedaron Amelia y Arturo?

a) En el parque
b) En una plaza
c) En la cafetería La Nube

6.- ¿Por qué quedaron?

a) Porque Amelia tenía que pagar el curso por adelantado
b) Para celebrar la Navidad
c) Porque Arturo necesitaba saber si Amelia tenía cualidades para ser detective y poder hacer el curso.

**Ejercicios comprensión lectora capítulo tres/
Reading comprehension chapter three exercises**

7.-¿Qué tenía Arturo en la cara?

a) Una gran mancha
b) Una cicatriz
c) Mucha barba

8.- ¿Qué le preguntó Arturo?

a) La hora
b) Por qué tomaba café
c) Por qué quería ser detective

9.- ¿De qué tenía miedo Amelia?

a) De enfrentarse a sus propios motivos
b) De la oscuridad por las noches
c) De los gatos

**Ejercicios comprensión lectora capítulo cuatro/
Reading comprehension chapter four exercises**

10.- ¿Cuál era la verdadera vocación de Amelia?

a) Ser detective
b) Ser jardinera
c) Ser profesora

11.- ¿Qué es lo que convence a Arturo para admitir a Amelia en su escuela?

a) Su entusiasmo
b) Su tristeza
c) Su perro

12.- ¿Qué le da Arturo para rellenar en casa?

a) Un cheque bancario
b) Un crucigrama
c) Un formulario

Ejercicios comprensión lectora capítulo cinco/ Reading comprehension chapter five exercises

13.- ¿Qué dejó Amelia encima de la mesa cuando el timbre sonó?

a) El formulario de la escuela de detectives
b) Un vaso de agua
c) Un plato con la cena

14.- ¿Quién descubrió el formulario?

a) Un pariente lejano
b) Nadie
c) Valentina

15.- ¿Cómo reaccionó Valentina?

a) Se puso muy triste porque había muchos peligros
b) Se puso muy contenta de Amelia que fuera tras sus sueños
c) Le dijo que ya era mayor para saber lo que hacía

Ejercicios comprensión lectora capítulo seis/ Reading comprehension chapter six exercises

16.- ¿Cómo pasó Amelia la mañana?

a) Inmersa en su trabajo
b) Hablando con compañeras
c) En la cama enferma

17.- ¿Dónde comió?

a) En un restaurante
b) En el bar Tomás
c) No comió

18.- ¿A quién entrega el sobre Amelia?

a) A Valentina
b) Al camarero de la cafetería La Nube
c) A un repartidor de pizzas

**Ejercicios comprensión lectora capítulo siete/
Reading comprehension chapter seven exercises**

19.- ¿Quién llamó por teléfono a Amelia?

a) Una mujer, de nombre Eva María
b) Su madre
c) Arturo

20.- ¿De qué debía disfrazarse Amelia?

a) De payaso
b) De hombre
c) De bombero

21.- ¿Dónde debía disfrazarse?

a) En los servicios de señoras de la estación de autobuses
b) En el portal de su casa
c) En casa de Valentina

**Ejercicios comprensión lectora capítulo ocho/
Reading comprehension chapter eight exercises**

22.- ¿Qué se le cayó a Amelia cuando salió del aseo de señoras?

a) Un billete
b) Un mechero
c) Un bolígrafo

23.- ¿Dónde se sentó a esperar nuevas instrucciones?

a) En una plaza cercana a la estación
b) En el suelo
c) En un banco cerca de la cabina de teléfono

24.- ¿Cuál era la clave que le pidió Arturo?

a) Santo y seña, la contraseña
b) Volverán las oscuras golondrinas
c) Ninguna

Ejercicios comprensión lectora capítulo nueve/ Reading comprehension chapter nine exercises

25.- ¿Cómo se llama el lugar donde debe bajar del autobús Amelila?

a) Mancha del Campo
b) Madrid
c) Cuenca

26.- ¿Sale en los mapas ese lugar?

a) Sí, sale en todos
b) Solo en los mapas antiguos
c) No, no sale porque es muy pequeño

27.-¿Qué debe visitar Amelia en Mancha del Campo?

a) El molino
b) La farmacia
c) El ayuntamiento

Ejercicios comprensión lectora capítulo diez/ Reading comprehension chapter ten exercises

28.- ¿Dónde se sentó Amelia en el autobús?

a) En los asientos de delante
b) En la parte de atrás
c) Junto al conductor

29.- ¿Qué llevaba el chico joven en la muñeca?

a) Un reloj barato
b) Un reloj de oro
c) Una pulsera

30.- ¿Qué había a los pies del joven?

a) Un periódico
b) Una estufa
c) Una mochila

Ejercicios comprensión lectora capítulo once/ Reading comprehension chapter eleven exercises

31.- ¿Quienes bajaron del autobús en Mancha del Campo?

a) Una pareja de novios
b) Una bailarina
c) Un joven con una mochila y Amelia.

32.- ¿Dónde desapareció el chico?

a) Se metió en una casa grande
b) En un cine
c) Se metió en la pastelería.

33.- ¿Hacia dónde decidió caminar Amelia?

a) Hacia lo alto de una colina
b) Hacia la salida del pueblo
c) Hacia la carretera

Ejercicios comprensión lectora capítulo doce/ Reading comprehension chapter twelve exercises

34.- ¿Le enseñó Candelario todo el molino?

a) No, se dejó una parte sin mostrar
b) No porque se hizo de noche
c) Sí, todo

35.- ¿Qué había debajo de la escalera?

a) Una trampilla oculta.
b) Unas cajas
c) Nada

36.- ¿Qué mentira le dijo Candelario?

a) Que el molino pertenecía al ayuntamiento
b) Que el molino era suyo
c) Que el molino estaba en venta

Ejercicios comprensión lectora capítulo trece/ Reading comprehension chapter thirteen exercises

37.- ¿Cómo llegó Amelia hasta el molino?

a) En bicicleta
b) Le acompañó Arturo
c) Arrastrándose por el suelo

38.- ¿A quién vio salir del molino por la noche?

a) Al chico de la mochila
b) A su perro
c) A Candelario

39.- ¿Qué encontró dentro de la trampilla?

a) Unas escaleras
b) Una enciclopedia de historia
c) Huesos

Ejercicios comprensión lectora capítulo catorce/ Reading comprehension chapter fourteen exercises

40.- ¿Qué llevaba Amelia en la mochila?

a) Una máscara y un peine
b) Un libro
c) Un pijama

41.- ¿Quién paró en la carretera?

a) Un camionero
b) Un pastor
c) No paró nadie

42.- ¿Qué hizo Amelia para llamar la atención de los coches??

a) Cantó canciones
b) Bailó descalza
c) Hizo la señal de SOS con la linterna

Ejercicios comprensión lectora capítulo quince/ Reading comprehension chapter fiveteen exercises

43.- ¿En casa de quién dejó los objeto Amelia?

a) En casa del portero
b) En casa de Valentina
c) Los tiró a un contenedor.

44.- ¿Por qué Amelia buscaba una tienda de fotografía?

a) Quería hacerse una foto de carné
b) Quería revelar las fotos que había hecho a los objetos
c) Quería comprarse una cámara fotográfica.

45.- ¿Qué tamaño de fotografía pide Amelia en la tienda?

a) Tamaño A4
b) Quince por veinte centímetros
c) Diez por quince centímetros

Ejercicios comprensión lectora capítulo dieciséis/ Reading comprehension chapter sixteen exercises

46.- ¿Qué había en la trastienda de la cafetería La Nube?

a) Un despacho de detective
b) Una cocina
c) Una sala de baile

47.- ¿Cuál era el origen de la máscara y el peine de marfil?

a) La máscara era de origen sumerio y el peine de origen egipcio
b) Eran falsificaciones
c) Eran de juguete

48.- ¿Cuál era el secreto del molino?

a) El secreto es que el molino era una tapadera para el tráfico ilegal de piezas arqueológicas
b) El secreto era que el molino era una biblioteca con libros antiguos
c) El secreto era que el molino era un laboratorio clandestino

SOLUCIONES A LOS EJERCICIOS DE COMPRENSIÓN LECTORA/ SOLUTIONS TO THE EXERCISES OF READING UNDERSTANDING

1.-c)
2.-b)
3.-c)
4.-a)
5.-c)
6.-c)
7.-b)
8.-c)
9.-a)
10.-a)
11.-a)
12.-c)
13.-a)
14.-c)
15.-b)
16.-a)
17.-b)
18.-b)
19.-a)
20.-b)
21.-a)
22.-b)
23.-c)
24.-b)

25.-a)
26.-c)
27.-a)
28.-a)
29.-b)
30.-c)
31.-c)
32.-a)
33.-a)
34.-a)
35.-a)
36.-a)
37.-c)
38.-a)
39.-a)
40.-a)
41.-a)
42.-c)
43.-b)
44.-b)
45.-c)
46.-a)
47.-a)
48.-a)

AUDIO

Direct link:

https://soundcloud.com/maria-danader2/el-secreto-del-molino/s-TMqQR

Download audio link:

https://drive.google.com/open?id=1ea4_pGuCvJW_NIjO_XLmQdEKrP4WWCTP

If you have any problem or suggestion write us an email to the following address:

improvespanishreading@gmail.com

Notas/Notes

Notas/Notes

Otros títulos de la colección publicados hasta la fecha

Visita nuestra página web

http://improve-spanish-reading.webnode.es/

Printed in Great Britain
by Amazon